As catilinárias

Dados Internacionais de Catalogação na Publicação (CIP)
(Câmara Brasileira do Livro, SP, Brasil)

Cícero, Marco Túlio, 106 a.C.-43 a.C.
　　As catilinárias / Marco Túlio Cícero ; tradução de Lucia Pestana da Silva. – Petrópolis, RJ : Vozes, 2025. (Coleção Vozes de bolso)

　　Título original: In Catilinam.
　　ISBN 978-85-326-7197-4

　　1. Catilina (Lucio Sergio Catilina), ca.108-62 aC
2. Discursos 3. Filosofia. I. Silva, Lucia Pestana da.
II. Título. III. Série.

25-252405   CDD-100

Índices para catálogo sistemático:
1. Filosofia   100

Eliete Marques da Silva – Bibliotecária – CRB-8/9380

Marco Túlio Cícero

As catilinárias

Tradução de Lucia Pestana da Silva

Vozes de Bolso

Tradução do original em latim intitulado
In Catilinam Orationes Quattuor

© desta tradução:
2025, Editora Vozes Ltda.
Rua Frei Luís, 100
25689-900 Petrópolis, RJ
www.vozes.com.br
Brasil

Todos os direitos reservados. Nenhuma parte desta obra poderá
ser reproduzida ou transmitida por qualquer forma e/ou quaisquer
meios (eletrônico ou mecânico, incluindo fotocópia e gravação) ou
arquivada em qualquer sistema ou banco de dados sem permissão
escrita da editora.

CONSELHO EDITORIAL	PRODUÇÃO EDITORIAL
Diretor	Anna Catharina Miranda
Volney J. Berkenbrock	Eric Parrot
	Jailson Scota
Editores	Marcelo Telles
Aline dos Santos Carneiro	Mirela de Oliveira
Edrian Josué Pasini	Natália França
Marilac Loraine Oleniki	Priscilla A.F. Alves
Welder Lancieri Marchini	Rafael de Oliveira
	Samuel Rezende
Conselheiros	Verônica M. Guedes
Elói Dionísio Piva	
Francisco Morás	
Teobaldo Heidemann	
Thiago Alexandre Hayakawa	

Secretário executivo
Leonardo A.R.T. dos Santos

Diagramação: Editora Vozes
Revisão gráfica: Bianca V. Guedes
Capa: Editora Vozes

ISBN 978-85-326-7197-4

Este livro foi composto e impresso pela Editora Vozes Ltda.

Sumário

Primeiro discurso contra Lúcio Catilina
Proferido no Senado, 7

Segundo discurso contra Lúcio Catilina
Proferido para o povo, 29

Terceiro discurso contra Lúcio Catilina
Proferido para o povo, 49

Quarto discurso contra Lúcio Catilina
Proferido no Senado, 69

Índice de nomes e lugares, 89

Primeiro discurso contra Lúcio Catilina

PROFERIDO NO SENADO

Até quando, Catilina, abusarás de nossa paciência? Por quanto tempo ainda esse teu furor zombará de nós? A que fim se estenderá a tua descontrolada audácia? Nem a vigilância noturna do palácio, nem as sentinelas da cidade, nem o sentimento de medo do povo, nem o ataque a todos os bens, nem este lugar muito fortificado do Senado e nem as fisionomias e os rostos destes homens te comoveram? Já não percebes que teus planos estão expostos? Não vês que todos estes têm ciência da tua reprimida conspiração? Pensas que algum de nós ignora o que fizeste na última noite e na anterior, em que lugar foste, quem convocaste e qual decisão tomaste?

Ó tempos, ó costumes! O Senado compreende tais coisas, o cônsul vê: contudo, este homem ainda vive. Vive? E até vem ao Senado; é nomeado membro do conselho público; condena e mira, com o olhar, cada um de nós para o massacre. Mas nós, homens destemidos, seremos vistos por fazer o bastante para a república, se evitarmos o furor e as armadilhas dele. Há muito tempo, Catilina, era preciso que o cônsul te conduzisse à morte, que a destruição que maquinas contra todos nós desde muito tempo fosse reunida contra ti.

De fato, o ilustríssimo Públio Cipião, pontífice máximo, quando era um simples cidadão, assassinou Tibério Graco, que abalou moderadamente a constituição da república. Então, nós, cônsules, vamos tolerar Catilina, que deseja destruir o orbe desta terra com carnificina e incêndios? E, ainda, ignoro aqueles fatos demasiadamente antigos, a exemplo de Caio Servílio Ahala, que matou, com suas próprias mãos, Espúrio Mélio, que se dedicava a coisas desconhecidas. Existiu, outrora existiu essa virtude na república, quando homens valentes puniam com mais rigor o cidadão nocivo do que o inimigo mais cruel. Catilina, temos, do Senado, uma deliberação impetuosa e grave contra ti. A república não carece de sabedoria nem de autoridade desta ordem, mas nós, cônsules, digo francamente, nós somos negligentes.

No passado, o Senado decretou que o Cônsul Lúcio Opímio não deixasse a república sofrer qualquer prejuízo. Nenhuma noite passou: Caio Graco, de claríssimo pai, avô e antepassados, foi assassinado por causa de certas desconfianças de desordens; o consular Marco Fúlvio foi morto com os filhos. A república foi confiada aos cônsules Caio Mário e Lúcio Valério com um decreto semelhante do Senado: e, então, a morte e a condenação feita pela república pouparam, por mais um único dia, a Lúcio Saturnino, tribuno da plebe, e a Caio Servílio, pretor? Mas, de fato, nós estamos garantindo, já pelo vigésimo dia, que a espada da autoridade deles fique embainhada. Com efeito, temos um decreto senatorial parecido, mas oculto nas tábuas como uma espada na bainha, pelo qual, conforme deliberação do Senado, convém que tu, Catilina, sejas condenado à morte de imediato. Tu vives, e vives não para renunciar, mas para confirmar a tua audácia. Eu desejo, senadores, ser visto como clemente, não desejo parecer um homem negligente em meio a tantos perigos da república. Contudo, eu mesmo já me condeno de inércia e de indolência.

Há lugares fortificados contra o povo romano na Itália, estabelecidos nos desfiladeiros da Etrúria. Neles, o número de inimigos aumenta todos os dias. E vemos o imperador desses lugares e comandante de nossos inimigos dentro dos muros de nossa própria cidade e, até, junto ao Senado, facilitando dia a dia algum massacre civil para a república. Agora, se eu ordenasse te prender, Catilina, e matar, penso que não será venerável para mim que todos os bons homens digam que isso foi feito tarde demais: melhor que digam que foi feito com muita crueldade. De fato, eu sou atraído, por certa razão, por aquilo que já, há algum tempo, deveria ter sido feito, ainda que não o faça. Logo, finalmente, serás morto, assim que ninguém tão perverso, tão perdido e tão igual a ti possa ser descoberto que não reconheça que esse fato foi cumprido por direito.

Viverás durante o tempo em que existir alguém que ouse te defender, mas viverás, como agora vives, cercado por muitos dos meus fortes guardas, para que estejas impedido de se agitar contra a república. Além disso, sem que percebas, os olhos e os ouvidos de muitos te observarão e vigiarão, do mesmo modo que fizeram até hoje. Então, o que há, Catilina, por que esperas ainda mais, se até a noite, com suas trevas, não pode esconder os teus nefastos encontros, nem tua própria casa, e suas paredes já não podem conter as vozes da tua conspiração, se todas as coisas estão evidentes, se revelam? Muda agora a tua atitude, confia em mim, desista das mortes e dos incêndios. Estás cercado por todos os lados, todos os teus planos estão mais claros do que a luz do dia para nós, e, neste momento, é bom que os rememore comigo.

Recordas que, no décimo segundo dia antes das calendas de novembro, eu disse no Senado que Caio Manílio, cúmplice e administrador da tua audácia, deveria estar armado em determinado dia, esse seria o sexto dia antes das calendas de novembro? Acaso, Catilina, eu me enganei, não só em relação ao fato tão importante, tão atroz e inacreditável, como também, o que é muito mais admirável, em relação ao dia? Eu disse, ainda no Senado, que tu mesmo ordenaste a morte dos nobres no quinto dia antes das calendas de novembro, quando, na ocasião, muitos deles fugiram de Roma, não tanto para se protegerem, mas para reprimir as tuas intenções. Então, podes negar que, tu, naquele mesmo dia, ainda que cercado por meus guardas e sob minha diligência, não pudeste mover-te contra a república, quando, diante do exílio dos outros, dizias que estavas contente, pelo menos, com a morte dos que permaneceram?

O quê? Não percebeste que a Colônia Preneste estava defendida por minha ordem, com meus guardas, minhas vigias e minhas sentinelas, quando acreditavas que, nas próprias calendas de novembro, tu a ocuparias com um ataque noturno. Tu nada fazes, nada planejas, nada cogitas sem que eu tenha conhecimento, sem que eu saiba e perceba claramente. Enfim, recordas comigo aquela noite passada, e, então, entenderás que eu vigio muito mais rigorosamente para o bem da república do que tu para o massacre dela. Digo que, na noite anterior, tu vieste até a casa de Marco Leca entre os gladiadores – não agirei secretamente – e que muitos companheiros daquela loucura e daquele crime se reuniram no mesmo lugar. Tens a audácia de negar, por acaso? Por que ficas em silêncio? Se negares, eu refutarei. Pois eu vejo que alguns dos que estiveram contigo naquela noite estão aqui no Senado.

Ó deuses imortais! Em que lugar da terra estamos? Que tipo de república temos? Em qual cidade vivemos? Aqui, eles estão aqui entre nós, senadores, neste conselho mais virtuoso e mais importante de toda a terra, os que tramam o nosso massacre e o de todos, que pensam destruir esta cidade e, sobretudo, na destruição do mundo. Eu, cônsul, os vejo e rogo a respeito de uma punição da república, e, sem ofendê-los com palavras: deveriam ser destruídos pela espada! Portanto, foste, naquela noite, junto a Leca, Catilina, distribuíste partes da Itália, fixaste o lugar favorável que cada um devia ir, delegaste os que deixarias em Roma, os que conduzirias contigo, dividiste as regiões da cidade que seriam incendiadas, também constataste que tu mesmo já haverias de sair, mas que demoraria um pouco mais, pois eu ainda estava vivo. Dois cavaleiros romanos foram encontrados naquela mesma noite. Eles que te livrariam desse trabalho, ao prometer que me matariam em meu próprio leito um pouco antes da luz do dia.

Eu descobri essas coisas com a tua reunião ainda mal-acabada. Eu fortifiquei e firmei a minha casa com muitos guardas, e não admiti, quando chegaram, aqueles que tu enviaste ao amanhecer para me cumprimentar, os mesmos que eu já tinha avisado a muitos e ilustríssimos homens que haviam de chegar a mim naquela época. Já que as coisas são assim, Catilina, prossiga de onde iniciou: afaste-se, finalmente, da cidade, as portas estão abertas; põe-se a caminho. Há muito tempo aquele teu acampamento confiado a Mânlio espera por ti como comandante. E também leva contigo os teus cúmplices, se não der para levar todos, ao menos o tanto quanto for possível, evacue a cidade. Libertar-me-ias de grande apreensão, desde que um muro fique entre nós dois. Daqui por diante, não podes viver conosco por mais tempo: não suportarei, não aceitarei, não admitirei.

Um grande louvor em agradecimento deve ser oferecido aos deuses imortais e ao próprio Júpiter Estator, o mais importante defensor desta cidade, porque, até agora, tantas vezes escapamos desta peste tão cruel, tão horrível e tão hostil para a república. A salvação total da república não deve ser colocada em perigo muito mais vezes por causa de um único homem. Desde que preparaste, Catilina, uma traição contra mim, cônsul nomeado, não me defendi com escolta pública, mas com recurso particular. Quando tu, nos últimos comícios consulares, quiseste matar a mim, cônsul, e a teus adversários no campo, suprimi as tuas nefastas tratativas com guardas e tropas formadas com meus aliados e sem provocar tumulto em público. Por fim, todas as vezes que me atacaste, te impendi com meus próprios meios, ainda que eu percebesse que a minha destruição estava atrelada ao grande desastre da república.

Desde então, afrontas abertamente toda a república, designas para a destruição e para a devastação os templos dos deuses imortais, as casas da cidade, a vida de todos os cidadãos e toda a Itália. Por essa razão, visto que ainda não desejo fazer o que é essencial e o que é específico de todo este império e do costume dos antepassados, farei o que é mais calmo quanto ao rigor e mais vantajoso para bem comum. Se eu ordeno que tu sejas morto, permanecerá na república a turba restante de conspiradores. Se, pelo contrário, tu saíres, como já aconselho há algum tempo, a escória dos teus companheiros, violenta e perigosa para a república, será afastada da cidade.

O que foi, Catilina? Então hesitas fazer, se sou eu quem ordena, o que antes fazias voluntariamente? O cônsul ordena que o inimigo público evacue a cidade. Interrogas-me se, porventura, a ir para o exílio? Não te ordeno, mas, se te agrada a minha opinião, aconselho que vá. O que há, então, Catilina, que ainda possa te agradar nesta cidade? Aqui, ninguém existe, à exceção da tua conspiração de homens perdidos, que não te receie e que não te odeie. Qual ultraje particular não foi marcado em tua vida? Qual infâmia das coisas privadas não está ligada à tua fama? Qual obscenidade foi afastada dos teus olhos, qual crime foi afastado, por um dia, das tuas mãos, qual nódoa não manchou todo o teu corpo? De todos os adolescentes, que cativaste com seduções depravadas, a qual não ofereceste a espada para a audácia ou o lume para conduzi-lo à obscenidade?

E o que mais, de fato? Há pouco tempo, com a morte da tua primeira esposa, deixaste livre a tua casa para novas núpcias, pois, logo em seguida, não completaste esse crime com outro crime inacreditável? Quanto a esse fato, eu deixo impune e, sem remorso, permito que se silencie, para que, nesta cidade, não pareça que ou a crueldade de tamanho crime existiu ou que não foi vingada. Também faço vista grossa para os desastres de tua fortuna, logo, nos próximos idos, perceberás que eles te serão inevitáveis: estou aqui em consequência das coisas que não se referem à infâmia privada dos teus vícios, não a teu mau-caratismo e vergonha familiar, mas em consequência dos fatos que se referem à soberana república e, sobretudo, à existência e à salvação de todos nós.

Como é possível que esta luz ou o ar deste céu sejam agradáveis a ti, Catilina, visto que já sabes que nenhum destes desconhece que tu, na véspera das calendas de janeiro, quando Lépido e Tulo eram cônsules, estiveste na reunião com uma espada, que preparaste uma frota com a intenção de causar a morte dos cônsules e das autoridades da cidade, que nenhum pensamento teu ou temor se opuseram ao crime e furor, mas, sim, ao destino do povo romano? Mas já não digo sobre essas coisas, pois nem são desconhecidas e muitos outros crimes foram cometidos depois: quantas vezes tentaste me matar quando fui eleito cônsul, quantas vezes, quando, de fato, já era cônsul? De quantos ataques teus, lançados de modo que pareciam impossíveis de serem evitados, eu me livrei com um leve desvio e, como dizem, com o corpo. Nada realizas com êxito, nada alcanças, mas, mesmo assim, não desistes de tentar e de planejar.

Quantas vezes o punhal já caiu de tuas mãos, arrancado por algum acaso, e quantas vezes te escapou! No entanto, não podes ficar sem ele por muito tempo. Certamente, desconheço em quais rituais ele foi oferecido e consagrado por ti, mas sei que acreditas ser uma obrigação cravá-lo no corpo do cônsul. E, agora, que vida é esta a tua? Então, já falarei assim contigo, mas não devo parecer ser movido pelo ódio, porque devo, mas movido pela misericórdia, que a ti deve ser inexistente. Chegaste mais cedo ao Senado. Alguém, entre estes numerosos aqui presentes, entre os teus tantos amigos e parentes, te saudou? Se isso atingiu a ninguém, desde que a memória dos homens existe, esperas o ultraje da palavra, mesmo quando foste oprimido pelo mais severo juízo do silêncio? O que dizer sobre estes assentos ficarem vazios com a tua vinda, isso porque todos os antigos cônsules, que muitas vezes foram escolhidos por ti para a morte, ao mesmo tempo em que te sentaste, abandonaram e esvaziaram esta parte do Senado? Afinal, julgas que deves suportar isso com que ânimo?

Por Hércules, se os meus servos me temessem do mesmo modo como todos os teus concidadãos temem a ti, consideraria abandonar a minha casa. Não pensas ser uma obrigação abandonar esta cidade? Se eu fosse visto pelos meus concidadãos como suspeito e ofensivo por injúria tão grave, eu preferiria carecer do convívio deles a ser alvo dos seus hostis olhares. Consciente dos teus crimes, admites que o ódio de todos, há muito tempo, é justo e devido a ti e hesitas desviar os olhos e a presença daqueles a quem ofendes a razão e o sentimento? Se teus pais te temessem e odiassem, e caso não pudesses acalmá-los de alguma maneira, desaparecerias, como imagino, para qualquer lugar longe de suas vistas. Agora, a pátria, que é mãe comum de todos nós, te odeia e teme. E, há tempos, ela conclui que tu não cogitas nada a não ser em relação à traição. Terás a audácia de não respeitar a autoridade dela, nem aceitar o seu julgamento, nem ter receio do seu poder?

Ela assim age, e, tácita, de certo modo, fala contigo, Catilina: "precisamente, desde alguns anos, nenhum crime existiu sem a tua participação, nenhuma infâmia ocorreu sem ti; somente tu ficaste impune e livre das mortes de muitos cidadãos, do assédio e do roubo dos aliados. Foste poderoso não só para negligenciar as leis e as investigações, mas também para que sejam anuladas e destruídas. Embora essas coisas passadas não devessem ser toleradas, como pude, as suportei. Mas, de fato, já não devo suportar viver completamente com medo por causa unicamente de ti. Que Catilina seja temido por qualquer coisa que ressoe, que nenhum plano possa ser executado contra mim que pareça estar longe do teu crime. Dessa maneira, saia daqui e arranca de mim esse temor: se ele é verdadeiro, que eu não seja oprimida, se for especulação, que, enfim, eu deixe de temer."

Como eu já mencionei, se assim a pátria falasse, ela não deveria ter seus objetivos alcançados, ainda que não fizesse uso da força? O que dizer do fato de tu mesmo intentares escapar da desconfiança, propondo a tua própria custódia junto à casa de Marco Lépido? Não foste recebido por ele, então, ousaste vir ao meu encontro e quiseste que eu te guardasse em minha casa. Quando também recebeste a minha resposta negativa, pois eu jamais poderia estar em segurança compartilhando contigo as mesmas paredes, de certo já estava em grande perigo por estarmos encarcerados nas mesmas muralhas, foste até o Pretor Quinto Metelo. Ignorado também por ele, seguiu até o teu companheiro Marco Metelo, homem ilustre, que, com toda razão, seria a pessoa certa a te conceder custódia, o mais esperto para te espreitar e o mais forte para te vingar. Mas estará realmente tão afastado do cárcere e das correntes quanto parece que deve estar aquele que, por julgamento próprio, se considerou merecedor de custódia?

Já que as coisas são assim, se não podes padecer com ânimo sereno, Catilina, duvidas que seja melhor partir até distantes terras e confiar essa tua vida, arrastada por muitos castigos justos e adequados aos crimes cometidos, à fuga e à solidão? E dizes, "submeta ao Senado", é o que tu atreves a dizer, e, se essa ordem decidir te enviar para o exílio, declaras que obedecerás. Eu não concordarei com isso, porque essa atitude se afasta dos meus princípios. Contudo, farei com que saibas o que eles pensam a teu respeito. Sai da cidade, Catilina, e tira esse medo da república, se aguardas por um comando: vai para o exílio. O que há? Acaso observas, percebes o silêncio deles? Eles consentem, estão em silêncio. Esperas a autoridade deles através do som da voz, mesmo sabendo o que eles querem quando se silenciam?

E se eu dissesse o mesmo ao ilustre adolescente Públio Séstio, ou ao homem muito corajoso Marco Marcelo, o Senado já teria infligido a mim, cônsul, com força e violência, neste próprio templo; e com muita razão. Mas, quanto a ti, Catilina, quando não se opõem, consentem, quando estão de acordo, deliberam, quando se calam, clamam. E não somente esses, cuja autoridade é evidentemente estimada por ti e a vida muito desprezível, bem como os honestos e ilustres cavaleiros romanos e outros cidadãos muito nobres que rodeiam o Senado, os quais tu pudeste ver aqui presentes, reconhecer as afeições e ouvir as vozes um pouco antes. Desde muito tempo, eu mal conservo as mãos e as armas deles afastadas de ti, facilmente convencerei esses mesmos a te acompanharem até as portas, ao deixares aqueles que desejas arruinar.

Mas por que eu digo isso? Para que alguma coisa te enfraqueça, para que tu algum dia te endireites, para que planejes alguma fuga, para que cogites algum exílio? Oxalá! Que os deuses imortais te deem essa coragem! Ainda que eu perceba que, se decidires ir para o exílio apavorado por causa da minha voz, quanta tempestade de ódio despenderá contra nós, talvez não agora, mas certamente no futuro, pela recente memória dos teus crimes. Porém, valerá a pena, contanto que a calamidade seja particular tua e sem causar perigos à república. Mas não deve ser postulado que tu fiques comovido com teus vícios, que receies as punições da lei, que se decline às condições impostas pela república. Pois não és esse tipo de homem, Catilina, que se afasta da desonra em nome da honra, ou do perigo por causa do medo ou do furor em prol da razão.

Então, como já te falei, vai-te embora, e, se o que queres é despertar o ódio contra o teu inimigo, como declaras publicamente que sou, siga em frente até o exílio. Se fizeres isso, somente resistirei aos sermões dos homens, se te agrada ir para o exílio por ordem dos cônsules, suportarei arduamente o fardo desse ódio. Caso contrário, se preferes te importar com minha honra e glória, afasta-te e leva o teu insuportável exército de criminosos, reúne-te junto a Mânlio, causa alvoroço nos cidadãos perdidos, se isole dos bons, declara guerra à pátria, exulta com ímpio latrocínio, para que não pareça que foste lançado por mim junto a desconhecidos, mas para que sejas visto como um convidado entre os teus.

Por que eu te solicitaria, visto que sei que os enviados já te esperavam, armados, junto ao fórum de Aurélio? Sei qual foi o dia estipulado e planejado com Mânlio, e também sei que enviaste a águia prateada – que, creio, há de ser terrível e funesta por ti e por todos os teus –, a ela foi estabelecido um santuário dos criminosos em tua casa. Como poderás carecer dela por muito tempo? Tu que costumavas, antes de partir para a carnificina, cultuá-la, sempre pousavas a tua ímpia mão direita em favor de seus altares, para alcançar a morte de cidadãos?

Finalmente, irás, de uma vez por todas, para onde essa tua descabida e furiosa ambição há muito tempo te seduz. Pois isso não te causa dor, mas certa incrível volúpia. A natureza te criou para essa loucura, a vontade te exercitou e a fortuna te protegeu. Nunca desejaste, de algum modo, nem paz, nem guerra, a não ser que fosse nefasta. Encontraste uma tropa de malfeitores composta por pervertidos, desafortunados e sem esperança.

Neste lugar, tu gozarás de qual alegria? Exultarás por quais prazeres? De qual volúpia desfrutarás quando, entre tantos dos teus, não perceberes nem vires sequer um homem de bem? Somente aqueles que se dedicam por gosto a essa vida são os que suportam teus labores: deitar-se no chão, não somente para se protegerem de uma desonra, mas também para empreender um crime, não somente vigiar os que se armam contra o sono dos maridos, mas também contra os interesses dos tranquilos. Tens onde expor a tua brilhante coragem para suportar a fome, o frio e a escassez de todas as coisas, e logo sentirás que todas elas te consumiram. Quando te expulsei do consulado, apenas contribui para que um sem pátria pudesse tentar contra a república, melhor do que se fosse um cônsul a abalar, e para que o teu plano de latrocínio fosse antes designado crime, melhor do que se fosse visto como guerra.

Agora, senadores, para desvincular e afastar de mim qualquer queixa quase justa da pátria, ouvi, por favor, atenciosamente, o que direi, e gravai isso no fundo de vossos corações e de vossas mentes. Pois, se a pátria, que é muito mais estimada por mim do que a minha própria vida, se toda a Itália e toda a república falassem: "Marco Túlio, o que fazes? Então, permitirás que vá embora aquele que sabes que é teu inimigo, que vês como futuro comandante da guerra, que sentes que é esperado como imperador nos acampamentos dos rivais, o cabeça da conspiração, o recrutador de escravos e de cidadãos perdidos? Assim, não parece que foi lançado por ti para fora da cidade, mas enviado contra ela. Não darás ordem para que ele seja conduzido para o cárcere, nem que seja enviado para a morte, nem punido com supremo castigo?

Enfim, o que te impede? O costume dos antepassados? Mas, diversas vezes, nesta mesma república, cidadãos particulares condenaram os perniciosos à morte. Acaso seriam as leis que são propostas acerca do suplício dos cidadãos romanos que te impedem? Nunca, nesta cidade, os homens que abandonaram a república puderam recuperar sua cidadania. Então, receias o ódio da posteridade? Na verdade, agradeces bem ao povo romano, que te elevou, em reconhecimento de tua própria competência, com nenhuma recomendação dos antigos, por todo grau de honraria tão depressa até o supremo império, se por causa do ódio ou de algum medo do perigo, negligencias o bem-estar de todos os cidadãos.

Mas não se deve recear mais a veemência da severidade ou a ira da força do que a inércia e a indolência quando se tem medo do ódio. Por acaso, não pensas que estás prestes a inflamar de ódio devido ao incêndio assim que a Itália for devastada pela guerra, as cidades forem assoladas e os tetos das casas arderem em chamas?"

Eu atenderei com poucas palavras a essas súplicas santíssimas da república e aos pensamentos dos homens que sentiram o mesmo. Se eu, senadores, julgasse que Catilina fosse condenado à morte, o que seria melhor a ser feito, não permitiria que este gladiador vivesse nem mais uma hora. Com efeito, se os homens ilustres e cidadãos célebres não só não se contaminaram com sangue de Saturnino, dos Gracos, de Flanco e de muitos outros súperos, mas ainda o dignificaram, não devo, de toda certeza, recear que, com este assassino de cidadãos morto, o ódio paire sobre mim para todo o sempre. Pois, se as mazelas desse sentimento me forem muito iminentes, sempre pensei comigo mesmo que o ódio que se desperta pela virtude não é ódio, mas glória.

Entretanto, nesta ordem, existem aqueles que ou não veem o que está por vir, ou veem, mas fingem que não: eles nutriram a esperança de Catilina com flexíveis sentenças e fortificaram, sem dar credibilidade, a conspiração que surge. Entre eles, devido à autoridade, caso eu advertisse Catilina, não apenas muitos maldosos, mas também os mal-informados diriam que o ato foi muito cruel e que agi como um déspota. Agora eu compreendo. Se ele, ao ir para onde pretende, chegar até os acampamentos de Mânlio, não há de ter alguém tão estúpido que não veja a conspiração formada, ninguém tão maldoso que não a reconheça. Mas, sendo morto apenas ele, acredito que a praga que assola a república será contida por pouco tempo, pois não poderá ser contida para sempre. No entanto, se ele mesmo decide se afastar da cidade, levar consigo os seus e reunir os náufragos de outras partes, esta praga já tão avançada será exterminada e arrancada da cidade, assim como a raiz e a semente de todos os males.

Na verdade, senadores, há muito tempo convivemos com os perigos e as emboscadas dessa conspiração. Mas desconheço de que modo a oportunidade de todos os crimes, dos antigos furores e da audácia se desencadeou em nosso consulado. Agora, se somente o principal conspirador for tomado em grande latrocínio, veremos que, talvez, fiquemos abrandados do cuidado e do medo por um breve tempo; no entanto, o perigo permanecerá e será tomado por completo nas veias e nas entranhas da república. Tal como os homens infelizes com uma doença grave, que, muitas vezes, quando atormentados com o ardor e a febre, se beberem água gelada, sentem-se melhor de início, mas, em seguida, são perturbados muito mais gravemente e mais severamente. O mesmo acontecerá com essa doença que atormenta a república: se for moderada devido à punição de Catilina, com os demais ainda vivos, será agravada com mais intensidade.

Por essa razão, que os malfeitores se afastem da cidade e dos homens bons, que se reúnam em um único lugar e, finalmente, como já disse inúmeras vezes, sejam isolados de nós pela muralha, que desistam de tramar ardis contra o cônsul em sua própria casa, de rodear o tribunal do pretor urbano, de assediar a cúria com espadas, de preparar armas incendiárias e tochas para incinerar a cidade. Enfim, que seja inscrito em cada testa o que cada um deles sente a respeito da república. Senadores, prometo isto a vós: que tamanha será a diligência em nosso consulado, tamanha a autoridade de vós, tamanha a virtude dos cavaleiros romanos, tamanha a conformidade de todos os homens bons, para vedes, com a partida de Catilina, todas as coisas desvendadas, ilustradas, oprimidas e castigadas.

Com todas essas coisas, Catilina, para a suma salvação da república, para a tua desgraça e destruição e para a morte de todos que se juntaram a ti em todo crime contra a pátria, põe-te a caminho até a ímpia e nefasta guerra. Tu, Júpiter, que sob os mesmos auspícios foste instituído por Rômulo nesta cidade, a quem intitulamos, com razão, Estator desta urbe e deste império, livrarás os teus templos e outros, as casas e os muros desta cidade e a vida e o destino de todos os cidadãos de Catilina e de seus companheiros e punirás esses homens inimigos dos bons, adversários da pátria, ladrões da Itália, unidos por um pacto de crime entre si e por uma nefasta aliança. E, também, os punirás, vivos e mortos, com eternos suplícios.

Segundo discurso contra Lúcio Catilina

PROFERIDO PARA O POVO

Finalmente, cidadãos romanos, ou afastamos ou lançamos ou seguimos com palavras este que se retira da urbe, Lúcio Catilina, enfurecido com audácia, respirando crime, maquinando a calamidade da pátria com abominável perversidade e ameaçando a vós e a esta cidade com ferro e fogo. Agora, nenhum perigo será arquitetado contra as muralhas, nem dentro dos muros, por aquele que é o monstro e a praga desta cidade. Vencemos o único comandante desta guerra doméstica sem controvérsia. De fato, esse punhal já não se encontrará entre nossas paredes, nem o temeremos no campo, nem no foro, nem na cúria, enfim, nem entre as paredes de nossas casas. Ele foi afastado desses lugares quando foi excluído da cidade. Já travaremos publicamente uma guerra justa com o inimigo, impedidos por ninguém. Sem dúvida, aniquilamos esse homem e vencemos honrosamente, ao lançarmos de ocultas insídias para o declarado latrocínio.

Na verdade, porque não elevou a espada ensanguentada como ele quis, porque foi afastado por nós ainda vivos, porque tiramos a espada de suas mãos, porque os cidadãos ficaram sãos e salvos e porque deixou imediatamente a cidade, então pensais que ele foi atormentado e derrotado com tamanha tristeza? Neste instante, cidadãos, ele se encontra esmorecido, sente-se abalado e sem força e sempre olha para esta cidade, lamentando que ela tenha sido desviada de sua mira: todavia, parece-me que ela se alegra, porque expurgou tamanha peste e a expeliu para fora.

Mas se alguém ainda está vivo, tal como todos deveriam ser, que, neste mesmo tempo em que o meu discurso exulta e triunfa, me acuse veementemente porque não aprisionei tão grande inimigo da república antes de tê-lo deixado partir, isso não é minha culpa, cidadãos, mas dos tempos. Desde sempre foi conveniente que Lúcio Catilina fosse oprimido e morto com castigo muito severo, e não só o costume dos antigos, bem como a severidade do império e da república postulavam isso de minha parte. Mas pensais que muitos seriam os que não acreditariam nas coisas que eu revelaria? Que muitos não seriam estimados por causa da estupidez? Quantos o defenderiam? Quantos o apoiariam por causa da improbidade? Contudo, se, com ele morto, o perigo judiciário fosse desalojado de todos vós, há muito tempo eu já teria castigado Lúcio Catilina, não só correndo o risco da minha impopularidade, mas também da minha vida.

E quando percebi que, mesmo com tudo comprovado, até então, a todos vós, se eu o condenasse à morte, como era justo, não poderia perseguir os seus aliados oprimido pelo ódio: conduzi esse caso publicamente de modo que pudésseis enfrentar o inimigo quando o vissem claramente. Na verdade, cidadãos, penso que esse inimigo deve ser temido tão veementemente, é justo que compreendais isso, agora que ele, suportando com dificuldade, deixa a cidade acompanhado por poucos. Ah, se ele tivesse conduzido todas as suas tropas consigo! Levou-me Tongílio, a quem ele começara a amar na adolescência; já Publício e Minúcio, os quais, por conta da dívida contraída na taberna, nenhuma perturbação podiam suscitar à república, Catilina deixou para trás, homens com tão grande privação, tanto de valentia como de nobreza!

E, assim, menosprezo, com grande esforço, aquele exército formado por legiões gaulesas, pela tropa que, no Campo Piceno e Gálico, teve Quinto Metelo, e pelas tropas que são confrontadas diariamente por nós, formadas de velhos sem esperança, de camponeses com luxúria, de rústicos arruinados, de homens que preferiram as promessas a se separarem daquele exército. Eles, se eu não apenas mostro a espada do nosso exército, mas também a declaração do pretor, serão desmoralizados. Preferiria que ele conduzisse seus soldados consigo, esses que vejo ir e vir no fórum, que estão na cúria, que também vêm até o Senado, que brilham com unguentos e cintilam com púrpura. Se esses homens continuarem aqui, lembrai-vos de que aquele exército não deve ser temido tanto quanto estes que o abandonaram. E é, ainda, um dever temê-los mais, pois sabem que eu conheço o que eles projetam e, mesmo assim, não se abalam.

Sei a quem a Apúlia foi atribuída, quem ocupou a Etrúria, o Campo Piceno e o Gálico e quem reivindicou para si as armadilhas de mortes e incêndios. Pensam que todos os ardis das noites anteriores não chegaram até mim? Eu as revelei no Senado ontem; o próprio Catilina ficou apavorado, fugiu. O que esses homens esperam? De certo, eles estão enganados se esperam que a minha bondade dure para sempre. Eu já conquistei aquilo que esperava: que vós tomásseis conhecimento da conspiração feita contra a república. A não ser que alguém considere que existe algum indivíduo semelhante a Catilina que não pensa como o próprio. Mas ainda concederei uma única coisa: saiam, ponham-se a caminho, não admitam que o infeliz Catilina sofra com a ausência de vós. Mostrarei o caminho que ele fez: avançou pela Via Aurélia, se quiserem o alcançar, acelerem os passos e o encontrarão até o entardecer.

Ó afortunada república, se essa imundície da cidade for lançada para fora! Parece-me que, por Hércules, somente com Catilina exaurido, a república será aliviada e revigorada. E, também, qual mal ou crime pode-se cogitar ou fingir que ele não cometeu? Qual feiticeiro, qual gladiador, qual ladrão, qual assassino, qual parricida, qual falsificador de testamentos, qual trapaceiro, qual taberneiro, qual devasso, qual adúltero, qual mulher infame, qual corruptor de juventude, qual corrupto, qual perdido pode ser encontrado em toda a Itália que não confesse que tenha vivido com Catilina com muita familiaridade? Qual morte foi cometida sem ele ao longo desses anos? Que desonra e crime nefasto não ocorreram por meio dele?

De fato, em algum momento, o encanto da juventude foi tamanho para alguém tanto quanto foi a ele? Ele próprio amava uns com muita torpeza, servia aos desejos de outros muito vergonhosamente, estimava o fruto libidinoso a uns, a outros, a morte dos pais, não apenas impelindo, mas também auxiliando. Para além, com tamanha surpresa, juntou um grande número de homens perdidos, tanto da cidade quanto dos campos. Não existiu ninguém, não só em Roma, mas, certamente, em qualquer outro lugar de toda a Itália, que não se associou ao seu pacto inconcebível de crime por estar oprimido por uma dívida.

E, para que possais compreender suas amplas dedicações em interesses diferentes, não há ninguém, no combate de gladiadores, um pouco mais audacioso para o crime, que não confesse ser íntimo de Catilina; no teatro, não há ninguém mais delicado e mais devasso que não se lembre de ter sido seu companheiro. Assim, ele era celebrado por eles por suportar severas vigílias, acostumado com a prática de violências e de crimes, com o frio, com a fome, com a sede, quando utilizava os subsídios de assiduidade e os instrumentos da virtude na libertinagem e na audácia.

Agora, pois, se os companheiros o seguirem, se os bandos vergonhosos de homens perdidos saírem da cidade, oh, nós seremos felizes! Ó república afortunada! Ó meu consulado notável e ilustre! Pois já não existem desejos medíocres desses homens, nem suas audácias são humanas e toleráveis: não pensam em nada a não ser morte, incêndio e roubos. Gastaram seus patrimônios, comprometeram suas riquezas. Desde há muito tempo a fortuna começou a abandoná-los; recentemente, a fé. Contudo, ainda permanece neles aquela mesma luxúria que existia demasiadamente. Porque se, no vinho e no jogo, buscassem apenas orgias e prostitutas, eles, seguramente, devem ser desacreditados, mas, ainda assim, seriam suportáveis. Quem pode tolerar que homens inertes preparem ciladas contra homens mais fortes, que os estúpidos tramem contra os prudentíssimos, os ébrios contra os sóbrios, os que dormem contra os que vigiam? Eles, deitados nos convívios, abraçados com mulheres libertinas, amolecidos pelo vinho, estufados com comida, cingidos com coroas, cobertos com unguentos, corrompidos com adultérios, exclamam, com seus linguajares, morte aos bons e incêndios à cidade.

Espero, enfim, que a desgraça que está prestes a acontecer e o castigo devido desde tempos, pela perversidade, indolência, crime e libertinagem deles, ou estejam nitidamente presentes ou, em breve, a se aproximarem. Se o meu consulado afastá-los, visto que não pode curá-los, creio que o tempo da república se estenderá, não por pouco tempo, mas por muitos séculos. Pois não tememos a nenhuma nação, nem existe algum rei que possa fazer guerra ao povo romano. Todas as coisas externas, na terra e no mar, foram pacificadas pela virtude de um único: a guerra doméstica permanece; no interior, estão as armadilhas, o perigo e o inimigo. Nós devemos combater contra a luxúria, a loucura e o crime. Eu me declaro comandante desta guerra, cidadãos, suporto as inimizades desses homens perdidos. As coisas que, de algum modo, podem ser curadas, eu irei curar, as que devem ser eliminadas, eu não permitirei que permaneçam para arruinar a cidade. Portanto, ou saiam ou aquietem-se; se ficarem na cidade com a mesma mentalidade, aguardem as devidas consequências.

Existem ainda os que dizem que eu expulsei Catilina, cidadãos. A saber, se eu pudesse fazer isso por meio da palavra, eu expulsaria os próprios que espalham essas mentiras. Evidentemente, esse homem tímido ou mesmo modesto não foi capaz de tolerar a voz do cônsul: e, no mesmo instante em que recebeu a ordem de se exilar, retirou-se. Ontem, quando quase fui morto em minha própria casa, convoquei, ao Templo de Júpiter Estator, os senadores, contei tudo a eles. E, então, quando Catilina apareceu, quem o chamou de senador? Quem o saudou? Quem, enfim, o considerou como o cidadão infeliz e não como inimigo muito importuno? E até os principais da sua ordem deixaram aquela parte dos assentos à mostra e vazia, para que ele se juntasse.

Agora, eu, este cônsul que arremessou os cidadãos para o exílio por meio da palavra, interroguei Catilina se ele esteve ou não na assembleia noturna junto a Marco Leca. Quando aquele homem muito audacioso, convicto com sua consciência desde o início, se calou, revelei outras coisas: mostrei o que ele fez naquela noite, onde esteve, o que planejou para a noite seguinte e toda a razão de sua guerra, que foi descrita por completo. Ao se embaraçar, quando foi abordado, questionei o motivo de prorrogar sua partida para onde, há muito tempo, planejou ir. Eu sabia que ele já havia enviado armas, machados, feixes, trombetas, sinais militares e aquela águia prateada, para quem ele também tinha feito um sacrário em sua casa.

Eu lançava para o exílio aquele que já vejo ter marchado para a guerra? Com efeito, creio que sim: Mânlio, aquele centurião que firmou acampamento no Campo de Fésulas, declarou guerra ao povo romano em nome de Catilina; e esse acampamento, agora, não o espera como comandante, pois ele se afastou para o exílio de Massília, como dizem, e não se une ao acampamento de Mânlio. Ó mísera condição da república, não só para ser administrada, como também para ser conservada! Assim, se Lúcio Catilina, cercado e abatido por causa dos meus conselhos, labores e perigos, ficasse apavorado subitamente, se mudasse de opinião, abandonasse os seus, desencorajasse a decisão de fazer guerra e convertesse a trajetória do curso de crime e de guerra para a fuga e para o exílio, não seria dito que ele foi despojado por mim das armas da audácia, que não ficou estupefato e perplexo com a minha diligência, que não foi expulso da esperança e do esforço? Pelo contrário, não condenado e inocente, diriam que foi lançado para o exílio pelo cônsul com força e ameaças. E haverá aqueles que, se Catilina fizer isso, o estimarão não como um malvado, mas como um infeliz; e não desejarão reverenciar a mim, diligente cônsul, mas ao tirano muito cruel.

É de grande valor para mim, cidadãos, suportar essa tempestade de hostilidade infundada e injusta, desde que todos vós fiqueis longe do perigo dessa guerra horrível e nefasta. Que se diga que, de verdade, Catilina foi afastado por mim, desde que vá para o exílio. Mas acreditai em mim, ele não está prestes a partir. Que nunca se ouça, cidadãos, que eu pediria aos deuses imortais, com o intuito de arrancar de mim o ódio, que Lúcio Catilina conduza o exército inimigo e lance armas. Contudo, daqui a três dias ouvireis. Temo muito mais que eu seja odiado, um dia, porque o enviei para fora em vez de tê-lo expulsado. Visto que alguns homens dizem que ele, quando se exilou, foi expulso, o que diriam se ele fosse morto?

Embora eles digam muitas vezes que Catilina foi para Massília, não se lamentam tanto quanto temem. Nenhum deles é tão compadecido que prefira que ele vá junto aos massilienses do que a Mânlio. Mas se ele, por Hércules, faz isso sem antes ter refletido, ainda preferiria ser morto em latrocínio a ser expulso. Agora, de fato, quando nada acontece além da própria vontade e conformidade dele, a não ser ter saído de Roma, estando nós ainda vivos, desejamos, de preferência, que ele vá para o exílio em vez de o recearmos.

Mas por que há tanto tempo falamos de um inimigo, e desse inimigo que já se reconhece como tal? E por que há um muro entre nós, já não o temo, sempre desejei isso. Não confabulamos nada sobre os que dissimulam, que permanecem em Roma, que estão conosco? Na verdade, eu não prefiro tanto condená-los, se de nenhuma maneira isso pode ser feito, quanto desejo sará-los e honrá-los diante da república. Nem compreendo por qual razão isso não pode ser feito, se já querem me ouvir. Então, exporei a vós, cidadãos, essas tropas unidas por esses tipos de homens. Depois levarei uma poção do meu conselho e do meu discurso de um em um, se eu puder.

Há um grupo deles que, mesmo com grandes dívidas, ainda possui maiores domínios, dos quais, por causa do apego, não podem de jeito algum se desprender. Há uma espécie boníssima desses homens – pois são confiáveis –, mas a verdade é que o desejo e o interesse são muito impudicos. Tu, ornado e bem provido de todas as coisas, tens os campos, as construções, a prata, a família e duvidas subtrair da tua posse, de enriquecer o teu crédito? Então, o que esperas? A guerra? Pois o quê? Pensas que, com a devastação de tudo, as tuas posses hão de ser invioláveis? Por acaso esperas novas leis? Erram aqueles que aguardam por Catilina: as novas leis apresentam-se em meu benefício; certamente vão a leilão, pois nem os que têm bens podem ser salvos por nenhuma outra razão. Se tivessem planejado fazer isso mais cedo, o que nem é muito estúpido, lutar pelos frutos ganhos das propriedades, serviríamos demais a esses ricos e melhores cidadãos. Mas penso que esses homens minimamente devem ser temidos, porque, ou podem ser influenciados por alguma opinião ou, se permanecerem na mesma, me parece que hão de fazer mais clamores do que carregar armas contra a república.

Há outra categoria daqueles que, embora estejam carregados de dívidas, ainda têm esperança de domínio. Eles querem apoderar-se das coisas e julgam poder conseguir as honras, se a república estiver perturbada; e não têm esperança de recebê-las, estando quieta a república. Parece que isso deve ser compreendido por eles, e, seguramente, ao mesmo tempo, por todos os outros, para que percam as esperanças nas coisas que se esforçam para poder conseguir. Eu mesmo sou o primeiro de todos a vigiar, a estar junto, a olhar pela república; depois, há grandes ânimos nos homens bons, grande concórdia, máxima multidão, além de grandes tropas de militares. Por fim, ó deuses imortais, concedam auxílio a este povo invicto, ao império ilustríssimo, à lindíssima cidade, contra tamanha força de crime vigente. Se já tivessem alcançado as coisas que desejaram com tamanho furor, então aquilo que esperam, nas cinzas da cidade e no sangue de cidadãos, ou futuros cônsules ditadores ou reis, como desejaram com mente criminosa e nefasta, não veem que, se for alcançado, será necessário conceder a algum fugitivo ou gladiador?

O terceiro grupo é formado por homens de idade já avançada, contudo robustos em exercício. Mânlio é desse tipo, a quem Catilina agora busca. São homens das colônias que Sula fixou, as quais, sinto, são todas compostas de ótimos cidadãos e de homens fortíssimos, mas, deveras, são colonos que, com bens inesperados e repentinos, se vangloriaram onerosamente e excessivamente. Enquanto eles se edificam, por assim dizer, felizes, deleitam-se com distintos prédios, com grandes famílias e com magníficos banquetes, precipitaram-se em tão grande dívida de modo que, se querem ser salvos, Sula deveria ressurgir dos mortos. Eles também aliciaram alguns homens humildes do campo e necessitados de experiências de rapinas para aquela mesma esperança. Eu coloco esses e os outros no mesmo grupo de saqueadores e bandidos, mas aconselho isto a eles: desistam de se enfurecer, de cogitar as expulsões e as ditaduras. Pois a tamanha dor daqueles tempos ainda está marcada nesta cidade, e me parece que tanto os homens, bem como os animais, sofrerão.

O quarto grupo é muito diversificado, misturado e turbulento. Há muito tempo, eles estão oprimidos, nunca se emergem, se desestabilizam ou por causa da inércia, ou pela má administração do negócio, ou, também, por despesas em dívida antiga. Dizem que um grande número de homens bons, fatigados de promessas, sentenças e condenações, provenientes da cidade e dos campos, dirigiu-se até esses acampamentos. Eu não julgo que eles são soldados tão impetuosos quanto devedores indolentes. Que esses homens caiam o mais rápido possível, se não podem se manter, mas que nem a cidade, nem os vizinhos próximos, de fato, sintam a presença deles. Na verdade, não compreendo por que, se não podem viver honestamente, querem perecer indignamente; ou que razão há para que pensem que perecerão com menor dor se estiverem acompanhados de muitos do que se estivessem sozinhos.

O quinto grupo é composto por parricidas, assassinos, e, enfim, todos os facínoras. Eu não separo esses de Catilina, pois isso nem é possível e que pereçam completamente no crime, visto que há muitos deles que o cárcere não poderia comportar. O último grupo não é formado apenas por um grande número, mas também do mesmo tipo e vida que o próprio Catilina, certamente, com a mesma opinião, afeição e coragem dele. Vós os vedes com cabelo bem penteado, bem nutridos, ou sem barba ou bem barbado, com túnicas de mangas compridas e vestidos com véus, não com togas. O propósito inteiro de vida e labor para vigiar são revelados nos convivas das madrugadas.

Todos os jogadores, todos os adúlteros, todos os impuros e impudicos se encontram nessas reuniões. Esses jovens, tão alegres e delicados, não somente se dedicam a amar e serem amados, a saltar e cantar, mas também a vibrar os assassinatos e a escorrer venenos. Se eles não saírem, se não forem arruinados, mesmo que Catilina pereça, compreendereis que na república ainda acontecerá seu seminário. Afinal, o que esses miseráveis querem para si? Então, conduzirão consigo suas mulherzinhas até os acampamentos? E de que modo poderiam carecer delas, sobretudo durante as noites? E, também, de que maneira eles suportarão Apenino, aqueles invernos e as neves? A menos que pensem que suportarão com mais facilidade o inverno porque aprenderam a saltar nus nos convivas.

Ó guerra, que deve ser muito temida com grande esforço, quando Catilina estiver prestes a habitar esta corte pretoriana de prostitutos! Agora, instruí, cidadãos, contra essas tão admiráveis tropas de Catilina, vossas guarnições e vossos exércitos. Primeiro, fazeis com que vossos cônsules e imperadores fiquem contra aquele gladiador destruído e maltratado; depois, conduzi a prosperidade e resistência de toda Itália contra aquela tropa rejeitada e debilitada de náufragos. Então, de fato, as cidadelas das colônias e dos municípios resistirão às eminências rudes de Catilina. Eu não devo igualar vossas outras tropas, vossos ornamentos e guardas com a inópia e indigência daquele ladrão.

Mas se nós somos ajudados por essas coisas negligentes, ele necessita do Senado, dos cavaleiros romanos, da cidade, do erário, dos impostos, de toda a Itália, de todas as províncias e das nações externas. Se quisermos que as mesmas causas, as coisas de que necessitamos, confrontam entre si, poderemos compreender o quanto eles mesmos se desmoralizam fortemente. Pois, de um lado, o pudor luta, do outro a depravação; de um lado, a castidade, de outro, a desonra; de um lado, a confiança, de outro, a mentira; de um lado, a devoção, do outro, o infortúnio; de um lado, a constância, do outro, o furor; de um lado, honestidade, do outro, a torpeza; de um lado, a moderação, do outro, a libido; de um lado, enfim, o equilíbrio, a temperança, a coragem, a prudência, todas essas virtudes disputam com a injustiça, a luxúria, a apatia, a temeridade, com todas essas perversões. Por fim, a riqueza opõe-se à pobreza, a benevolência à precipitação, a mente sã à insensatez, e a boa esperança ao desespero de todas as coisas. Em luta e batalha travadas desse tipo, se os esforços dos homens falharem, tantas e tão grandiosas perversões serão superadas pelas ilustríssimas virtudes por vontade dos próprios deuses imortais?

Assim são os fatos, cidadãos, como já vos disse antes, vossas moradas devem ser preservadas por vós com vigilância e sentinelas; eu fui precavido e deliberei o bastante para a defesa da cidade sem provocar vosso receio e sem tumulto algum. Todos os colonos e vossos concidadãos mais determinados, informados por mim acerca da incursão noturna de Catilina, protegerão com facilidade suas cidades e suas fronteiras. Os gladiadores, contudo, que ele pensou que seriam os homens ideais para compor sua tropa, mesmo que sejam de melhor ânimo do que parte os patrícios, serão contidos pelo nosso poder. Sob a minha vigilância, Quinto Metelo, que eu enviei para o Campo Gálico e Piceno, ou oprimirá o homem ou conterá todos os seus empenhos e seus movimentos. Em relação a todas as coisas que devem ser estabelecidas, amadurecidas e feitas, já relatamos ao Senado, que vedes ser convocado.

Agora, quero me direcionar àqueles que permaneceram na cidade e que, sobretudo, contrários ao bem-estar da urbe e de todos vós, foram deixados aqui por Catilina. Embora sejam inimigos, mas tendo a consideração porque nasceram cidadãos, quero adverti-los repetidas vezes. Se alguém até então considerou a minha bondade como fraqueza, é porque ela esperou o que se escondia vir à tona. Quanto ao resto, já não devo esquecer que esta é a minha pátria, que eu sou o cônsul deles e que com eles devo viver e por eles morrer. Não há guarda nas portas, não há traidor no caminho: se eles querem sair, eu posso fingir que não vejo; porém, aquele que se agitar na cidade, de quem eu descobrir não só uma ação, mas também algum plano e empreendimento contra a pátria, perceberá que os cônsules são vigilantes nesta cidade, que os magistrados são egrégios, que o Senado é forte e que temos armas: o cárcere, que nossos maiores ordenaram, será justiça aos crimes nefastos e evidentes.

Todas essas coisas serão feitas, sendo eu o único comandante e magistrado vestido com a toga, de modo elevado e com o mínimo esforço, sem tumulto algum; os excelsos perigos e a guerra civil e doméstica, que permanecerá na memória dos homens como a mais cruel e grandiosa, serão apaziguados. Porque eu, cidadãos, administrarei de maneira que, se de nenhuma outra forma poderá ser feito, nem sequer algum malfeitor sofrerá a pena de seus crimes nesta cidade. Mas se a força da audácia manifesta e o perigo iminente da pátria fizerem com que a minha brandura saia do ânimo, sem dúvida, concluirei a única coisa que se pode desejar estando em uma tão grande e tão pérfida batalha: que nenhum homem bom desapareça e que todos vós possais ser salvos, sem precisar castigar a muitos.

Na verdade, eu, confiante, não prometo tudo isso a vós, cidadãos, com a minha prudência, nem com conselhos humanos, mas com muitos e confiáveis sinais dos deuses imortais, pelos quais, conduzido, eu caminhei para essa esperança e resolução. Eles já não estão distantes, como costumavam ser no passado, nem de lugar inimigo, estrangeiro e longínquo, mas, presentes aqui, defendem seus templos e as casas da cidade com poder divino e auxílio. Vós, cidadãos, deveis rogar, venerar e implorar a eles o quanto querem que a belíssima cidade seja muito gloriosa e poderosa, para que, superadas as tropas de inimigos em terra e mar, a defendam de crime nefasto cometido por cidadãos excessivamente perdidos.

Terceiro discurso contra Lúcio Catilina

PROFERIDO PARA O POVO

Cidadãos, vedes, no dia de hoje, a república arrancada das garras da morte graças ao máximo amor dos deuses imortais por vós, e, também, graças aos meus labores, conselhos e perigos, ela foi distanciada do fogo e da espada. E vedes, ainda, a vida, os bens e as riquezas, as esposas e os filhos e este lugar do ilustríssimo império, cidade muito próspera e lindíssima, tudo isso foi conservado e restituído a vós.

E se os dias em que somos preservados não são menos importantes e ilustres para vós do que aqueles em que nascemos, isso porque a alegria da salvação é certa, e a condição de nascer é incerta, e porque nascemos sem sentido, mas com volúpia somos conservados, sem dúvida, a partir do momento em que celebramos, junto aos deuses imortais, aquele que fundou esta cidade com benevolência e honra, ele protegeu esta mesma cidade já construída e desenvolvida e deverá permanecer honrado por vós e por vossos descendentes. Pois, agora, cessamos as chamas que rodeavam de perto toda a cidade, templos, santuários, casas e muralhas; arrancamos os gládios desembainhados contra a própria república e derrubamos as espadas dos ímpios de vossas jugulares.

Visto que as coisas foram esclarecidas, escancaradas e informadas por mim no Senado, então apresentarei a vós brevemente o quanto elas foram manifestas e por qual razão foram investigadas, para que sejam compreendidas e para que possais saber o que desconheceis e esperais. Primeiramente, como Catilina saiu da cidade poucos dias antes, quando tinha deixado para trás seus companheiros de crime e os comandantes implacáveis desta guerra nefasta, sempre vigiei e pressenti, cidadãos, até que ponto ele se esconde em tantos e tamanhos ardis, para que pudéssemos ser salvos. Desse modo, verdadeiramente, enquanto eu afastava Catilina da cidade – pois já não receava a hostilidade dessa palavra, visto que ela devia ser mais temida porque deixei que ele fosse embora vivo – pensava que, naquela ocasião, quando eu queria expulsá-lo, ou a turba de conspiradores que restaram, ao mesmo tempo, seria afastada, ou, se eles permanecessem, com a ausência de Catilina, seriam enfraquecidos e insignificantes.

Mas eu, como vi, sabia que eles estavam inflamados com extremo furor e crueldade, que eles estavam conosco e que permaneciam em Roma. Eu gastei todos os meus dias e minhas noites para descobrir esses fatos, para entender e ver o que faziam e o que planejavam, tendo em vista que somente o meu discurso provocaria pouca fé em vossos ouvidos devido à incrível magnitude do crime, pois compreendia o assunto, e para que, somente, então, ao vedes o próprio mal com os olhos, velásseis com ânimos a vossa salvação. Dessa maneira, quando descobri que os nomeados dos Alóbroges foram solicitados por Públio Lêntulo para incitar tumultos na guerra transalpina e gaulesa, que eles foram enviados para a Gália junto de seus concidadãos e, no mesmo caminho, receberam cartas e recomendações para Catilina, que Tito Voltúrcio juntou-se como companheiro dele, e uma carta também lhe foi dada para entregar a Catilina, pensei que me havia sido concedida a capacidade, que era muito difícil e que eu sempre pedia aos deuses imortais, de que tudo fosse descoberto claramente não somente por mim, mas também pelo Senado e por vós.

Então, no dia anterior, convoquei os pretores Lúcio Flaco e Caio Pontínio, homens muito corajosos e de imenso amor pela república, até a minha presença. Expliquei a situação e mostrei o que seria mais conveniente fazer. Eles, reconhecendo todas as coisas ilustres e gloriosas da república, sem recusa e sem nenhuma demora, se encarregaram do assunto. E, ao entardecer, chegaram discretamente até a ponte de Múlvio e foram, em seguida, até as vilas próximas, divididos em duas partes, com o Tibre e a ponte entre eles. E os próprios conduziram, sem ninguém suspeitar, muitos homens fortes para o mesmo lugar. Eu, também, da administração de Reate, enviei rapazes de confiança com espadas, cujos serviços utilizo frequentemente na vigilância da república.

Todavia, quase ao fim da terceira vigília noturna, quando os enviados dos Alóbroges já começavam a marchar até a ponte de Múlvio em grande comitiva e na companhia de Voltúrcio, um ataque foi armado contra eles; as espadas foram desembainhadas por eles e por nós. Somente os pretores sabiam do plano, os outros de tudo ignoravam. Assim, o combate que se iniciara foi apaziguado pela intervenção de Pontino e de Flaco. E todas as cartas que estavam naquela comitiva foram entregues aos pretores com os selos incólumes. Os próprios, aprisionados, foram conduzidos até mim ao raiar do dia. Então, imediatamente, convoquei que viesse o inventor mais cruel de todos esses crimes, Cimbro Gabínio, sem que desconfiasse de nada; depois, do mesmo modo, mandei chamar Lúcio Estatílio; e, em seguida, Cétego. Mais tardiamente veio Lêntulo, pois creio que tenha passado a noite anterior acordado, contra o hábito, escrevendo as cartas.

Foi de grande agrado aos homens mais importantes e ilustres desta cidade que, cientes do ocorrido, viessem até mim pela manhã em grande número, para que eu pudesse ser o primeiro a abrir as cartas, e não serem levadas direto ao Senado. Dessa maneira, se nada fosse encontrado, não pensariam que eu causei tamanho tumulto na cidade sem ponderação. Eu me neguei a agir dessa maneira, afirmei que não deixaria de levar ao conselho público o fato por inteiro acerca do perigo que todos corriam. Na verdade, cidadãos, mesmo se as coisas confiadas a mim não fossem descobertas, de fato, eu não considerava que, entre tantos perigos da república, eu devia estar intimidado com demasiada precaução. Eu reuni depressa, como vistes, o Senado em grande número.

Enquanto isso, enviei imediatamente o Pretor Caio Sulpício, homem forte, para embargar as armas que supostamente existiam, segundo a denúncia feita pelos Alóbroges, junto a casa de Cétego, da qual ele confiscou um número grande de punhais e de espadas. Coloquei adiante Voltúrcio sem os gauleses, dei-lhe imunidade por ordem do Senado e o encorajei, para que indicasse, sem temor, as coisas que sabia. Por sua vez, ainda mal havia se recuperado de grande pavor, disse que possuía ordens e cartas de Públio Lêntulo para Catilina. Nelas, havia a instrução de que ele se servisse com a escolta dos servos e chegasse o mais rápido possível à cidade com o exército. E isso seguiria conforme o planejado, que, enquanto incendiavam a urbe por todas as partes e provocavam morte sem fim aos cidadãos, ele estivesse à disposição para capturar os que fugissem e para se reunir com os líderes urbanos.

Postos os gauleses, disseram, sob juramento, que as cartas para o seu povo lhes foram entregues por Públio Lêntulo, Cétego e Estatílio e que também lhes foi ordenado, por eles e por Lúcio Cássio, que enviassem o exército à Itália o mais rápido possível. As tropas de infantaria não lhes abandonariam. Além disso, afirmaram que Lêntulo havia lhes confirmado que, com base nos oráculos sibilinos e nas provisões dos adivinhos, ele seria aquele terceiro Cornélio, destinado a alcançar o domínio desta cidade e o império, assim como Cina e Sila tinham ocupado o mesmo cargo antes dele. Lêntulo também teria dito que este ano seria profético para a destruição desta cidade e do império, pois seria o décimo ano desde a libertação das vestais e o vigésimo após o incêndio do Capitólio.

Os gauleses também disseram que houve uma controvérsia entre Cétego e os demais, pois Lêntulo e os outros preferiam incendiar a cidade e provocar o incêndio nas Saturnais, mas isso era considerado demorado demais por Cétego. Sem mais delongas, cidadãos, ordenamos que exibissem as tábuas que diziam ter sido entregues por cada um. Primeiro exibimos a Cétego, que reconheceu o selo. Nós cortamos o fio de linho; lemos. Estava escrito, com sua própria letra, que ele faria ao Senado e ao povo dos Alóbroges as coisas que os seus enviados confirmassem; assim como rogava que fizessem as coisas que os seus enviados lhes delegassem. Então, Cétego, que ainda agora tinha respondido um pouco acerca das espadas e dos punhais que foram apanhados junto dele, dizendo que sempre teve interesse de ter boas ferramentas, após as cartas recitadas, ficou debilitado e abatido com a consciência pesada, e emudeceu-se. Em seguida, Estatílio foi conduzido, e do mesmo modo reconheceu o selo e sua letra. As tábuas lidas têm quase a mesma sentença; ele mesmo confessou. Mostrei as tábuas a Lêntulo e perguntei se conhecia o selo. Ele reconheceu. "É verdade", eu disse, "certamente é um selo conhecido, a imagem do teu avô, ilustríssimo homem, que amou unicamente a pátria e seus cidadãos. Esta marca, sem dúvida, mesmo que não possa dizer nada, devia te impedir de cometer tão grande crime".

As cartas ao Senado e ao povo dos Alóbroges são lidas da mesma maneira. Se quisesse questionar alguma dessas coisas, concedi permissão. Mas, de início, ele não quis; porém, pouco tempo depois, com toda prova exposta e revelada, levantou-se, perguntou por que ele estaria com eles. Igualmente, indagou a Voltúrcio por qual razão tinha comparecido em sua casa. Quando eles responderam brevemente e com unanimidade quem os enviara, quantas vezes foram até ele e o perguntaram se nada narrou sobre os oráculos sibilinos, então, furioso por causa do crime, impetuosamente demonstrou o quanto de peso havia na consciência, pois ainda que pudesse contestar as acusações, confessou de repente, contrariando a expectativa de todos. Assim, ele perdeu não só o hábito de discursar com aquela habilidade que sempre prevaleceu nele, mas também, por causa da gravidade do crime que se manifesta e se torna público, a imprudência, que ultrapassava a todos, e a improbidade.

Logo, Voltúrcio ordenou imediatamente que fossem apresentadas e abertas as cartas de Lêntulo para Catilina, que ele alegava ter recebido. Nesse momento, Lêntulo, perturbado, reconheceu com veemência o selo e a sua escrita. Estavam sem assinatura, mas assim diziam: "quem sou eu, saberás por quem te envio. Cuida para que sejas homem e pensa em qual lugar deves estar. Observa aquilo que já é necessário para ti e dedique-se para que juntes os auxílios de todos em seu benefício, inclusive dos ínfimos". Depois, Gabínio foi convocado; de início, começou a responder descaradamente; finalmente, nada negou das coisas que os gauleses denunciavam.

Mas, romanos, na verdade, no que me diz respeito, tanto considero aqueles certíssimos argumentos e os indícios do crime, as tábuas, os selos, as escritas, enfim, a confissão de cada um deles, quanto tenho por muita convicção estas evidências: a aparência, os olhos, os rostos e o silêncio. Pois tinham ficado atordoados, ora olhavam para o chão, ora observavam entre si furtivamente, de modo que, algumas vezes, já não pareciam ser denunciados por outras pessoas, mas entregavam a si mesmos. Com as provas expostas e declaradas, cidadãos, consultei o Senado sobre o que deveria ser feito acerca da preservação da república. Foram ditas sentenças duras e fortíssimas por parte dos principais homens, as quais foram seguidas pelo Senado sem qualquer discordância. E, visto que ainda não foi prescrita a decisão do Senado, a vós, cidadãos, exporei, como guardei na memória, o que o Senado aconselhou.

Primeiramente, agradeceram-me com palavras magníficas, porque, por minha virtude, meu conselho e minha providência, a república foi liberta de grande perigo. Em seguida, os pretores Lúcio Flaco e Caio Pontínio foram homenageados por mérito e justiça, porque empreguei o serviço deles com força e fidelidade. Além disso, um louvor foi concedido ao meu colega, homem forte, porque afastou de si e dos conselhos da república aqueles que participaram da conspiração. E também julgaram que Públio Lêntulo, ao se abdicar do cargo de pretor, fosse entregue sob custódia; isso também foi determinado a Caio Cétego, Lúcio Estatílio e Públio Galbínio, todos estavam presentes. Assim como foi decretado o mesmo contra Lúcio Cássio, que tinha reivindicado para si a função de incendiar a cidade; contra Marco Cepário, que tinha declarado a quem a Apúlia fora atribuída para atormentar os pastores; contra Públio Fúrio, proveniente das colônias que Lúcio Sila fundou em Fésulas; contra Quinto Ânio Chilo, que sempre esteve presente com este Fúrio na aliança com os Alóbroges; e contra Públio Umbreno, homem liberto, que era reconhecido como o primeiro que conduziu os gauleses até Gabínio. E até essa brandura do Senado foi empregada, cidadãos, uma vez que julgava que, estando livre a república de tamanha conspiração e de um grande número de inimigos internos, por causa da punição dos nove homens mais perdidos, os demais teriam suas mentes curadas da devassidão.

E, também, uma solenidade aos deuses imortais foi estabelecida em meu nome, por mérito exclusivo desses homens. Foi a primeira vez que isso aconteceu a um homem togado desde que a cidade foi estabelecida. E essa cerimônia foi decretada com estes argumentos: "porque eu havia libertado a cidade dos incêndios, os civis da morte e a Itália da guerra". Se compararmos essa solenidade com as demais, difere-se por isto: as outras foram constituídas em causa de uma boa ação para a república, esta, exclusivamente para a salvação dela. E aquilo que de início deveria ser feito, foi concluído. Pois Públio Lêntulo, apesar de ter as provas desvendadas e de suas confissões, com a decisão do Senado, não só perdeu o direito de pretor, bem como o de cidadão. Ele também se abdicou da magistratura. Assim, estávamos livres, ao punir como simples cidadão Públio Lêntulo, do sacrilégio, que não existiu para o ilustre homem Caio Mário, ao matar o pretor Caio Gláucia, sem que nada fosse decretado nominalmente.

Agora, cidadãos, posto que já capturastes e detestes os nefastos comandantes desta guerra tão criminosa e tão perigosa, é preciso considerar que, com os perigos da cidade afastados, todas as tropas de Catilina, toda sua esperança e seus auxílios foram destruídos. Na verdade, romanos, eu pressentia isso em meu ânimo quando o expulsei da cidade, pois estando Catilina afastado, eu não devia recear a indolência de Públio Lêntulo, nem a apatia de Lúcio Cássio, nem a furiosa temeridade de Caio Cétego. Catilina era o único que devia ser temido dentre todos esses, mais ainda enquanto estava dentro dos muros da cidade, pois tinha conhecimento de todas as coisas, tinha acesso a todos; podia e ousava planejar, atacar e atormentar. Ele tinha uma predisposição para o crime, e não faltavam nem eloquência nem esforço a sua vontade. Já tinha homens específicos escolhidos e fixados para arranjar certas coisas. E, de fato, quando atribuía algo, não considerava feito: nada era executado sem a sua supervisão direta. Ele mesmo atacava, vigiava, trabalhava; era capaz de suportar o frio, a sede e a fome.

Se eu tivesse forçado este homem tão terrível, tão audacioso, tão preparado, tão habilidoso, tão perspicaz no crime, tão diligente nas insídias domésticas no acampamento de criminosos – direi o que penso, cidadãos –, não teria sido fácil afastar esse imenso peso do mal de vossas cervicais. Ele não teria estabelecido as Saturnais para nós, nem teria declarado tão antes o dia do fim e da morte da república. Muito menos teria confiado o selo e suas cartas, evidências do crime manifesto, de modo que fossem descobertos. As coisas que agora aconteceram com a ausência dele foram conduzidas de maneira que nenhum roubo em casa privada foi tão reconhecido abertamente quanto esta conspiração manifesta foi compreendida em toda a república. Certamente, se Catilina permanecesse na cidade até hoje, mesmo que eu tenha dificultado e atacado todos os seus projetos enquanto aqui esteve, ainda assim, como direi brandamente, nós deveríamos lutar com ele. Enquanto esse inimigo estivesse na cidade, não a libertaríamos de tantos perigos, com tanta paz, calma e tanto silêncio.

Todavia, cidadãos, todos esses feitos que foram orquestrados por mim parecem ter sido feitos e profetizados pela vontade e pelo desígnio dos deuses imortais. Quanto a isso, podemos presumir tanto por suposição, pois é difícil imaginar que a administração de coisas grandiosas possa ser obra do ser humano, quanto, de fato, por evidência, pois quase podemos os ver com nossos próprios olhos, porque nos forneceram esperança e auxílio nestes tempos. Para que aquelas coisas não sejam mencionadas, como as chamas vistas no ocidente durante a noite e o ardor do céu, para que sejam omitidos os arremessos de raios e terremotos, para que muitas outras coisas que ocorreram em nosso consulado sejam omitidas, feitos tão grandes que parece que os deuses imortais anunciaram as coisas que agora ocorrem, há certeza, cidadãos, o que estou prestes a dizer não deve ser negligenciado, nem renunciado.

De fato, permanece na memória dos homens que, no consulado de Cota e Torquato, muitas coisas foram abaladas no Capitólio por intervenção do céu, quando não só os simulacros dos deuses foram afastados, mas também quando as estátuas dos homens antigos foram derrubadas e as tábuas da lei incineradas. Até o fundador desta cidade foi atingido, Rômulo, representado na estátua dourada do Capitólio; lembrai-vos dela, um pequeno ainda lactante com a boca aberta mirando as tetas da loba. Neste tempo, quando os adivinhos se reuniram em toda a Etrúria, disseram que mortes, incêndios, destruição das leis, guerra civil e interna e a queda de toda cidade e império se aproximavam, que tudo isso não aconteceria somente se os deuses imortais, totalmente apaziguados, desviassem com seu nume os próprios destinos.

E, assim, por causa das respostas deles, celebraram durante dez dias com jogos, e nada que servisse para apaziguar os deuses foi negligenciado. E, também, os adivinhos ordenaram que se fizesse um simulacro de Júpiter ainda maior e o colocasse em excelso e virado para o oriente, diferente de como estava antes. Disseram que esperavam que os ardis, que secretamente são iniciados contra a saúde da cidade e do império, fossem revelados, para que possam ser vistos pelo Senado e pelo povo romano, caso aquela estátua que estais vendo somente contemplasse o nascer dos astros, o fórum e a cúria. Os cônsules daquela época determinaram que aquela estátua devesse ser fixada; mas a obra demorou tanto que, até hoje, em nosso consulado, não foi posicionada, muito menos no anterior.

Quem aqui pode estar tão contrário à verdade, tão precipitado, com a razão tão perdida a ponto de negar que estas coisas que vemos e, sobretudo, esta cidade sejam administradas pelo propósito e poder dos deuses imortais? Na verdade, no momento exato em que se premeditou que os próprios cidadãos planejavam mortes, incêndios e a destruição da cidade, naquele tempo, foram consideradas como ações inconcebíveis por causa da magnitude dos crimes, então, agora, não apenas podeis sentir que essas coisas foram organizadas por cidadãos nefastos, mas também exercidas por eles. Tudo isso, certamente, não parece ser uma façanha da vontade do Máximo Ótimo Júpiter, de tão explícito que é? Hoje, ao amanhecer, quando tanto os conjurados, quanto seus espiões foram conduzidos, sob meu comando, através do foro até a casa de Concórdia, ao mesmo tempo, fixaram a estátua! Com ela fixada e virada para vós e para o Senado, não somente vós, bem como o Senado, vistes que todas as coisas planejadas contra a vida de todos foram descobertas e esclarecidas.

Por essa razão, esses homens que tentaram incendiar os vossos lares e vossas casas, bem como os templos e santuários sagrados, com chamas funestas e nefastas, merecem ser ainda mais odiados e castigados. Se eu afirmasse que resisti a eles, estaria me exaltando demasiadamente, e não devo me exaltar. Ele, sim, resistiu, aquele Júpiter; ele quis salvar o Capitólio, estes templos, a cidade inteira e todos vós. Eu, com o auxílio dos deuses imortais, recebi essa sabedoria e vontade e alcancei estas tão relevantes evidências.

E, além daquela instância dos Alóbroges, até as tantas coisas loucamente confiadas por Lêntulo e pelos outros inimigos internos a desconhecidos e bárbaros e o envio das cartas nunca teriam ocorrido se a astúcia não tivesse sido arrancada pelos deuses imortais dessa tão grande audácia. O que há? Como os homens gauleses da cidade mal-intencionada, principalmente aqueles que poderiam nos vencer não lutando, mas calando, que pertencem à única casta que resta que parece não só poder fazer guerra contra o povo romano, mas que também desejam fazê-la, negligenciaram a esperança do império e das coisas máximas, espontaneamente concedida a eles pelos homens patrícios, e preferiram a vossa salvação a suas riquezas, não pensais que isso aconteceu por intervenção divina?

E, assim que as solenidades foram decretadas em todos os templos, cidadãos, festejai todas as datas comemorativas com vossas esposas e vossos filhos. De fato, muitas honras justas sempre foram frequentes e devidas aos deuses imortais, mas, na verdade, nunca foram mais justas como as de agora. Sem dúvida, porque fostes arrancados do mais cruel e infeliz perigo, sem morte, sem sangue, sem exército, sem combate; vestidos com a toga, vencestes, sendo eu o único comandante e general também togado.

Por consequência, romanos, recordai todas as divergências civis, não somente aquelas que ouvistes dizer, mas também as que vós mesmos vistes e guardastes na memória. Lúcio Sila atacou Públio Sulpício; expulsou da cidade Caio Mário, guardião desta urbe, e fez o mesmo com uma parte dos muitos homens virtuosos, à outra parte, destruiu. O cônsul Cneu Otávio repeliu da cidade, com armas, o próprio companheiro. E todo este lugar ficou lotado com grande quantidade de corpos e com sangue dos civis. Depois, Cina, junto a Mário, venceu; então, de fato, os lumes da cidade foram extintos com a morte dos mais ilustres homens. Em seguida, Sila vingou a crueldade dessa vitória: não é preciso mencionar, por exemplo, acerca do tamanho número de cidadãos que morreram e da tamanha calamidade que foi para a república. Marco Lépido foi contrário ao muito ilustre e muito íntegro Quinto Catulo, e sua morte não causou tanta dor para a república quanto a morte dos outros.

Contudo, todas aquelas divergências foram semelhantes a isso, e foram arquitetadas não para destruir, mas para mudar a república. Aqueles homens não quiseram que a república fosse aniquilada, mas que eles fossem os principais nela. Também não quiseram queimar esta cidade, mas que fossem poderosos nela. E todos esses conflitos, dentre os quais nenhum buscou a ruína da república, não aconteceram com a decisão de reconciliação do entendimento, mas com o massacre dos civis. Mas esta guerra foi a única e muito mais cruel desde a existência dos homens, guerra que, em nenhum outro tempo, nenhuma nação estrangeira fez com seu povo, guerra na qual esta lei foi constituída por Lêntulo, Catilina, Cétego e Cássio, que, com a cidade salva, todos os que pudessem se salvar seriam considerados inimigos. Assim eu fiz, cidadãos, com que vós todos ficásseis salvos e, mesmo que vossos inimigos cogitassem o tanto de cidadãos que sobreviveriam à morte infinita e o quanto da cidade não seria coberta pelas chamas, protegi não só a urbe, mas também os cidadãos sãos e salvos.

Por essas tantas coisas, romanos, eu não pedirei de vós recompensas por mérito, nenhuma insígnia de honra, nenhum monumento de glória, somente peço que este dia fique em memória eterna. Eu quero que todas as minhas vitórias, todos os atributos de honra, os monumentos de glória e as condecorações de louvor sejam guardados e consagrados em vossos ânimos. Nada que fique em silêncio pode me agradar, nenhum monumento calado, enfim, nada desse tipo de coisa que os menos dignos possam alcançar. Cidadãos, nossos atos se sustentarão por meio de vossas memórias, crescerão por meio dos sermões, se consolidarão e fortificarão por meio dos monumentos literários. E eu percebo que esse mesmo dia, tomara que eterno, foi designado tanto para a salvação da cidade, quanto para a memória do meu consulado, e que, simultaneamente, dois cidadãos existiram nesta república: um limitaria a fronteira do vosso império, não nas regiões da terra, mas do céu; o outro protegeria a morada e o trono deste império.

Contudo, cidadãos, visto que o infortúnio e a situação das coisas que eu fiz não são iguais àquelas que desencadearam as guerras externas, pois sou forçado a conviver com aqueles que venci e subjuguei, enquanto eles abandonaram os inimigos mortos ou aprisionados, é vosso dever providenciar para que, se os outros se aproveitam dos seus feitos justamente, eu não seja arruinado por causa das minhas ações. De fato, eu cuidei para que as mentes criminosas e nefastas dos homens mais audaciosos não pudessem desgraçar vossas vidas; por isso, é vosso dever providenciar que eu não seja prejudicado por eles. Romanos, agora, nada que venha deles pode me atingir. Pois o auxílio que tenho nos homens dignos é enorme, que a mim foi disposto até a eternidade, grande é a estima na república, que me defenderá sempre, mesmo calada, e grande é a força da consciência que eles negligenciam; assim, quando quiserem me violar, se revelarão.

Com efeito, existe ânimo em nós, cidadãos, não só não recuamos diante da audácia de ninguém, como também sempre atacamos, espontaneamente, todos os perversos. Então, se, mesmo afastado de vós, todo ímpeto dos inimigos domésticos se voltar somente contra mim, será de vossa incumbência pensar, cidadãos, em qual condição quereis que estejam, daqui em diante, os que ficaram expostos ao ódio e a todos os perigos em prol da vossa salvação. O que mais eu posso adquirir para o proveito de minha vida, principalmente porque não considero nada mais elevado, nem em vossa honra nem na glória da virtude, que me agrada ascender?

Seguramente, cidadãos, eu concluirei o meu legado que é de preservar e honrar as coisas que fiz, em particular, no consulado, e, se algum ódio for gerado porque salvei a república, que se ofendam os invejosos; eu prevalecerei junto à glória. Enfim, assim me comportarei na república, sempre me lembrando das coisas que fiz e vigiando, para que não pensem que elas foram feitas ao acaso, mas por obra da virtude. Vós, romanos, como já é noite, venerai a ele, Júpiter, protetor desta cidade e de vós. Ides para vossas casas e, mesmo que o perigo já esteja expulso, ainda assim, defendei as igualmente fizestes na noite anterior, com guardas e vigias. Cuidarei que isso não precise ser feito por muito tempo e que possais gozar da eterna paz, cidadãos.

Quarto discurso contra Lúcio Catilina

Proferido no Senado

Eu vejo, senadores, que as faces e os olhos de todos vós se voltam para mim. Vejo que estais angustiados não só por causa do perigo que cerca a vós e a república, mas, também, se Catilina for expulso, por causa da ameaça que me rodeia. Vossa benevolência faz-me sentir lisonjeado e feliz nos males e na dor, mas, pelos deuses imortais, afastai-a e, desgarrados da minha salvação, pensai somente em salvar a vós e vossos filhos. Se o consulado me foi concedido com essa condição, que eu resista todas as calamidades, todas as dores e tortura; não somente suportarei fortemente, mas também de bom grado, o que importa é que a dignidade e a salvação sejam alcançadas, com meus labores, por vós e pelos romanos.

Eu sou aquele cônsul, senadores, a quem nem o fórum, onde toda justiça é contida, nem o campo consagrado pelos auspícios consulares, nem a cúria, sumo auxílio de todos os povos, nem a casa, refúgio em comum, nem o leito concedido para o descanso, nem, por fim, esta sede de honra, nunca foram privados da ameaça de morte e das armadilhas. Eu me calei muitas vezes, suportei muitas vezes, permiti e preveni muitas coisas, com certa dor, em meio a vosso temor. Se for da vontade dos deuses imortais que o meu consulado tenha tais consequências, que eu arranque de vós e do povo romano a infeliz morte, livrando vossas esposas e vossos filhos, as virgens vestais de uma vexação tão acerba, os templos, os santuários, esta nossa belíssima pátria das horríveis chamas e toda a Itália da guerra e devastação, seja qual for a sorte que me for lançada, será suportada. Com efeito, se Públio Lêntulo, conduzido pelos vates, pensou que o seu nome fosse designado pelo destino para a devastação da república, por que eu não poderia me contentar por ter o meu consulado elevado pelo destino para a salvação do povo romano?

Por essa razão, senadores, olhai por vós, por vossas esposas, vossos filhos e vossas fortunas, vigiai, conservai-vos, defendei o nome e a salvação do povo romano. Deixai de me poupar e de pensar em mim, pois primeiro devo confiar que todos os deuses que protegem esta cidade me concederão a graça que mereço. Depois, se algo acontecer, morrerei com ânimo calmo e sossegado, pois a morte não pode ser considerada como torpe ao homem forte, nem como imatura ao cônsul senil, nem mísera ao sábio. Eu, contudo, não sou de ferro a ponto de não me comover com a tristeza do meu caríssimo e muito amado irmão que está aqui presente, nem com as lágrimas de todos estes que me rodeiam. Além disso, muitas vezes, a minha enferma esposa faz-me voltar os pensamentos para a nossa casa, assim como a minha filha, abalada por causa do medo, e meu pequeno filho, que, como parece, a república o abraça como se ele fosse um refém do meu consulado, e aquele ali parado à minha frente, meu genro, esperando que este dia acabe. Todas essas coisas me inquietam, mas porque desejo que todos sejam salvos convosco, ainda que uma força me esmague antes que todos nós caiamos na mesma armadilha que ameaça a república.

Por isso, senadores, esforçai-vos para a salvação da república, olhai com atenção para todos os perigos iminentes que os rodeiam, a não ser que sejam percebidos por vós com antecedência. Tibério Graco, porque quis ser tribuno da plebe pela segunda vez, Caio Graco, porque tentou provocar os agrários, e Lúcio Saturnino, porque matou Caio Mêmio, nunca foram chamados para uma deliberação e para o veredito de vossa austeridade. Os aprisionados são os que permaneceram em Roma com o intuito de incendiar a cidade, de preparar a morte de todos vós, de receber Catilina; as cartas estão confiscadas, os selos, as letras, enfim, temos a confissão de cada um. Os Alóbroges são incitados, os escravos são avisados, Catilina é chamado, e esta é a decisão adotada: que todos estejam mortos, ninguém sobreviva, nem sequer para chorar o nome do povo romano e lamentar a destruição de tão importante império.

Os delatores confiaram essas coisas, os acusados são confessos, vós já julgastes em muitas audiências, primeiro porque me agradecestes com palavras singulares e decretastes que a conspiração de homens perdidos foi descoberta por minha virtude e diligência; em seguida, porque forçastes Públio Lêntulo a renunciar ao cargo de pretor; depois, porque julgastes e determinastes que ele e os outros fossem entregues para custódia, e porque, ainda, deliberastes solenidades em meu nome, honraria que nunca antes foi alcançada por nenhum outro homem de toga; finalmente, ontem, cedestes amplas regalias aos enviados dos Alóbroges e a Tito Voltúrcio. Todas essas coisas ocorreram de tal modo que parece que aqueles entregues nominalmente à detenção, sem dúvida, foram condenados por vós.

Mas eu insisti relatar a vós, senadores, na íntegra, para que não só julgais acerca do fato, mas também que decretais acerca da punição. Direi publicamente as atitudes que são devidas ao cônsul. Eu já observava que existia, há muito tempo, um grande furor na república e certos novos males misturados e provocados, mas nunca imaginei que esta tão grande e tão funesta conspiração seria feita por cidadãos. Agora, o que quer que seja, para qualquer lugar que vossas mentes e opiniões se desviem, deveis estabelecer antes de anoitecer. Já percebes o grande crime que foi delatado a vós. Se pensais que os aliados desse mal são poucos, errais veementemente, pois ele foi disseminado mais largamente do que se esperava. Espalhou-se pela Itália, e também transcendeu os Alpes e, serpenteando, já atingiu sorrateiramente muitas províncias. Jamais isso pode ser reprimido com lentidão e sem esforço. Seja lá como for, é pertinente que seja imediatamente punido por vós.

Eu vejo dois pareceres aqui: uma de Décimo Silano, que aconselha que esses, que são cúmplices da destruição, devem ser condenados à morte; a outra de Caio César, que é contrário à pena de morte e a favor de todas as severidades das outras punições. Os dois se ocupam com suma austeridade em prol da sua dignidade e da importância das coisas. Um pensa que os que tentaram privar a vida de todos nós, que somos cidadãos romanos, destruir o império e extinguir o nome do nosso povo não devem gozar nem por um instante da vida e desta vida em comum. Além disso, recorda que essa espécie de punição sempre foi praticada contra os malfeitores da cidade nesta república. O outro defende que a morte não é castigo dos deuses imortais, mas que se relaciona com uma necessidade da natureza ou um benefício cedido devido aos labores e aos infortúnios. E, assim, os sábios nunca a afrontaram com má vontade, e os fortes sempre a aceitaram de bom grado. Certamente, os grilhões eternos foram inventados para a singular punição do crime nefasto. Ele ordena que sejam distribuídos aos municípios. Se quiseres imperar, parece que há uma desvantagem nesta coisa; mas se quiseres rogar, há um obstáculo. Contudo, se é agradável, que seja decidido.

Sem dúvida, eu acatarei e, como espero, encontrarei os que não pensam em recusar o que determinardes com o propósito de salvar a todos. Ele acrescenta uma grave punição aos municípios, caso algum deles romper os grilhões, que se disponha um cerco de guardas terríveis e dignas do crime dos homens perdidos; e sanciona que nenhum dos que condena possa ter a pena diminuída através do Senado ou do povo. Também tira-lhes a esperança, que costuma ser o único sentimento a consolar o homem diante dos tormentos. Além disso, ordena que os bens sejam dispostos ao estado, que os homens nefastos tenham apenas o direito de respirar, pois se o tirasse, arrancaria deles a dor da alma e do corpo e as punições de todos os crimes de uma só vez. E, assim, para que algum medo seja imposto aos maus enquanto estiverem vivos, os antigos quiseram que, do mesmo modo, fossem constituídos castigos aos ímpios junto aos reinos inferiores, isso porque compreendiam que, evidentemente, com eles distantes, a própria morte não deveria ser temida.

Agora, senadores, eu vejo o que importa. Se fores acatar a intenção de Caio César, visto que ele seguiu, nesta república, o caminho que é considerado a vontade do povo, talvez, sendo ele o autor e mentor dessa proposta, eu devo recear menos os ímpetos populares. Mas se fores seguir a outra, porventura, não sei se me causará mais um problema. Mas, em todos os casos, que o interesse da república supere as razões dos meus perigos. Pois temos de César, como postulavam a dignidade do próprio e a importância de seus antepassados, uma sentença como se fosse uma refém da perpétua benevolência à república. Notou-se a diferença entre a leveza dos demagogos e o ânimo verdadeiramente democrático que preza pela salvação do povo.

Vejo que falta alguém dentre esses que querem ser tratados como democratas, evidentemente, para não se comprometer com a decisão acerca da vida dos cidadãos romanos. Há três dias, ele entregou alguns cidadãos romanos à custódia, decretou solenidades em minha honra e, ontem, impressionou os delatores com grandes regalias. Agora, ninguém duvida de quem decretou

o cárcere ao réu, saudação ao inquiridor

e regalia ao delator, porque julgou em relação a todo o fato e à causa. Mas, de fato, Caio César compreende que a Lei Semprônia foi constituída a respeito dos cidadãos de bem; e também compreende que quem é inimigo da república, de nenhum modo, pode ser cidadão dela. Por fim, ele também sabe que o próprio autor da Lei Semprônia cumpriu as punições da república por ordem do povo. Ele mesmo não pensa que o próprio Lêntulo, corruptor e ávido, quando teria cogitado sobre a destruição do povo romano, com a queda tão severa e tão cruel desta cidade, possa ser chamado de defensor das causas democratas. E, assim, esse homem mais brando e mais calmo não se estremece ao mandar Públio Lêntulo para as eternas prisões e grilhões e sanciona que, no futuro, ninguém possa se beneficiar por ter aliviado a pena dele e ser, por isso, considerado um homem democrático diante da destruição do povo romano. Também acrescenta o confisco dos bens, para que toda tortura da alma e do corpo, a pobreza e a desgraça o acompanhem.

Por isso, se dessa maneira estabelecerdes, dareis a mim um companheiro caro e agradável para a assembleia do povo, mas se quiseres seguir a intenção de Silano, com facilidade, o povo romano livrará a mim e a vós da repreensão da crueldade, e mostrarei que essa foi a decisão bem mais leve. De resto, senadores, qual crueldade pode existir em punir um crime tão horrível? Na verdade, eu julgo a partir do meu senso. Assim, que me permitam gozar convosco de grande alegria com a república salva, porque eu, mesmo sendo o mais impetuoso nesta causa, não sou movido pela atrocidade da alma – pois quem é mais tranquilo do que eu? –, mas por uma humanidade e misericórdia singular. Parece que eu vejo esta cidade, luz do mundo e refúgio de todos os povos, subitamente sucumbindo em um único incêndio. Eu reconheço no ânimo os míseros e a grande quantidade de cidadãos sem sepultura na pátria suprimida; diante dos meus olhos estão a face e o furor de Cétego, que festeja com o vosso massacre.

Quando, de fato, imaginei que Lêntulo estava reinando, do mesmo modo que ele mesmo confessou que esperava do destino, que Gabínio vestia púrpura e que Catilina chegava com o exército, receio tanto pela lamentação das mães de família, como pela fuga das castas e dos meninos e a vexação das virgens vestais. E porque verdadeiramente me parece que tudo isso é infeliz e miserável, estarei disposto a me apresentar como um severo e tempestuoso diante dos que quiserem dar continuidade com essas coisas. Sendo assim, questiono se um pai de família, que teve seus filhos mortos, a esposa morta e a casa incendiada por um servo, não empreender um castigo mais severo devidos a eles, será visto como clemente e misericordioso ou como desumano e ainda mais cruel? De fato, quanto a mim, consideraria impertinente e de ferro quem não abranda a sua dor e seu sofrimento com a dor e o sofrimento de quem o causou mal. Então, se formos muito severos em relação a esses homens que quiseram nos arruinar, nossas esposas e nossos filhos, que tentaram destruir as nossas casas e todo este domicílio da república, que estabeleceram o povo do Alóbroges entre os vestígios desta cidade e na cinza do império incinerado, seremos considerados misericordiosos. Mas, se quisermos ser mais omissos, teremos a fama de agirmos com grande crueldade na devastação da pátria e dos cidadãos.

A não ser que Lúcio César, homem muito corajoso e muito amante da república, tenha sido visto por alguém como o mais cruel anteontem, quando disse que o esposo de sua muito ilustre irmã, que estava presente e ouvindo tudo, deveria ser privado da vida, que seu avô, por ordem do cônsul, foi morto e que o filho dele, um jovem, enviado pelo pai para cumprir o legado, foi assassinado no cárcere. O que há de semelhante com esses fatos? Qual plano se iniciou para destruir a república? Então, o desejo de corrupção e a rivalidade de cada parte inquietaram-se na república. Naquela época, o avô de Lêntulo, homem digníssimo, armado, perseguiu Graco. Aquele também sofreu um grave golpe, para que nada da suma república fosse destruído. O outro, para revirar os alicerces da república, chama os gauleses, faz chegar os escravos, convoca Catilina, atribui a Cétego que fôssemos trucidados e a Gabínio que os outros civis fossem mortos, a Cássio que a cidade fosse incendiada e a Catilina que a Itália inteira fosse devastada e saqueada. Receais menos, aconselho, que sejas visto como o mais severo por estabelecer algo neste crime tão cruel e nefasto. Muito mais devemos temer por sermos vistos como cruéis contra a pátria por causa de uma remissão da pena do que demasiadamente rigorosos contra os inimigos mais perniciosos por causa de uma punição severa.

Mas eu não posso ignorar essas coisas que ouço, senadores. Pois as vozes são lançadas e atingem os meus ouvidos, que parecem temer que eu tenha o suficiente para comandar as coisas que vós ordenastes que devessem acabar hoje. Todas as coisas foram providenciadas, preparadas e estabelecidas, senadores, com o meu maior cuidado e diligência e, também, com maior vontade do povo romano, para manter o soberano império e preservar os bens comuns. Todos os homens de todas as origens estão presentes, homens de todas as raças e de todas as idades. O fórum está lotado, os templos ao redor dele estão lotados, todas as entradas do templo e deste lugar estão cheias com multidões. Desde a fundação desta cidade, esse foi o único acontecimento descoberto em que todos sentem igualmente a mesma coisa, salvo os que, quando viram que pereceriam, quiseram sucumbir ao lado de todos, em vez de sozinhos.

Eu faço exceção e separo, de boa vontade, esses homens, penso que devem ser considerados cidadãos cruéis, mas não chegam a ser criminosos a ponto de serem considerados dentre o número de cidadãos hostis. Quanto aos outros, deuses imortais! Consentem com que frequência, com que zelo e com que virtude para a salvação e a dignidade de todos! Por que eu evocaria os cavaleiros romanos neste lugar? São eles que permitem a vós o comando supremo da ordem e da assembleia, que resistem convosco no amor à república, que o dia de hoje e este acontecimento os uniram após a discórdia de muitos anos, então, reunidos em aliança e em comum acordo. Se garantirmos essa união, que foi consolidada no meu consulado, para sempre na república, prometo a vós que nenhum mal civil ou doméstico chegará até parte alguma da república nos anos vindouros. Percebo que, para defendê-la, os tribunos erários, homens muito corajosos, se uniram com parecida disposição; e, também, percebo que todos os escribas, os quais, por acaso, este dia tivesse que os reunir junto ao erário, preferiram assistir à salvação de todos a esperar o sorteio dos secretários dos questores.

Toda multidão de homens livres está presente, e também dos mais humildes. Existe alguém que não admire como agradáveis e prósperos estes templos, a paisagem da cidade, o privilégio da liberdade, enfim, esta mesma luz e solo comum da pátria? É de grande interesse, senadores, reconhecer os empenhos dos homens libertos, que, ao conseguirem a condição de cidadão desta cidade graças a sua virtude, julgam que esta é sua pátria verdadeira. E, aqui, alguns que nasceram, e nascidos em posição elevada, não a consideram como pátria, mas como cidade inimiga. Mas por que eu rememoro essas ordens e esses homens, os quais as fortunas privadas, a comum república, finalmente, a liberdade, que é a coisa mais prazerosa, os encorajaram a defender a salvação da pátria? Não existe nenhum servo que se encontre recentemente em aceitável escravidão, que não tema a audácia dos cidadãos, que não deseje que isso persista e que não disponha de ousadia e vontade para a salvação de todos.

Por essa razão, se, por acaso, isso que foi ouvido comove algum de vós, que algum alcoviteiro de Lêntulo percorria ao redor das tabernas, à espera de poder subornar com dinheiro os ânimos dos pobres e dos ignorantes, saibas que, na verdade, isso foi iniciado e intentado, contudo, como não encontrou ninguém tão infeliz de fortuna ou perdido de vontade que não quisesse que aquele mesmo lugar de descanso, de trabalho e de ganho cotidiano, o seu leito e seu quarto e, por fim, este curso ocioso de sua vida fossem salvos. De certo, uma parte maior dos que ficam nas tabernas tem uma estima pelo sossego, quer dizer, o que é o melhor a se dizer é que todo este gênero é muito amante do ócio. Certamente, todo instrumento, todas as obras e ganhos são sustentados por um grande número de cidadãos, alimentados pelo ócio. Nesse sentido, se o ordenado deles costuma diminuir quando as tabernas se fecham, o que aconteceria se elas fossem incendiadas?

Já que as coisas são assim, senadores, as guarnições do povo romano não vos faltam, então providenciai para que não pareça que vós deixeis de atendê-lo. Usufruís de um cônsul salvo de muitos perigos, de traições e arrancado do meio da morte, não para preservar a sua própria vida, mas para garantir a vossa salvação. Todas as ordens consentem, em mente, desejo e voz, para conservar a república livre de perigos. A pátria comum, suplicante, ocupada com archotes e dardos da ímpia conjuração, estende a mão a vós. Ela se entrega a vós, confia os altares dos deuses Penates a vós, aquele fogo eterno de Vesta, os templos e santuários de todos os deuses, os muros e os tetos da cidade. Ademais, hoje, deveis proferir uma decisão em relação a vossa vida, às vidas de vossas esposas e filhos, à fortuna de todos, às moradas e aos vossos lares.

Tendes um comandante que se preocupa convosco, mas esquece de si: nem sempre isso é possível. Desfrutais de todas as ordens, de todos os homens, de todo o povo romano e disso que vemos hoje pela primeira vez em causa civil, todos com o mesmo sentimento. Cogitai que uma noite quase destruiria o império estabelecido com tamanhos empenhos, a liberdade consolidada com tanta virtude e as fortunas acumuladas e aumentadas pela benevolência dos deuses. Isso deve ser combatido hoje, para que, depois, não possa ser concluído, nem, também, possa se tencionado pelos cidadãos. Mas eu disse essas coisas não para vos excitar, pois sei que quase ultrapassais a mim em zelo, mas para que pareça que a minha voz, aquela que deve ser única na república, cumpriu o seu ofício consular.

Agora, antes que eu retorne à punição, direi um pouco de mim. Eu vejo que eu me encarreguei de uma tropa de conspiradores, que vedes que é imensa e de enorme multidão de inimigos, mas julgo que ela é torpe, banal e sem valor. Se a tropa, um dia, incitada pelo furor e crime de alguém, tiver mais poder do que a vossa dignidade e a da república, todavia, eu nunca me arrependerei dos meus feitos e minhas deliberações, senadores. Com efeito, eles podem até fazer ameaças de morte, mas ela está disposta a todos. Agora, ninguém nunca alcançou tamanho louvor à vida quanto o que recebi de vós com desígnios de honra. Pois sempre decretastes a outros cônsules congratulações por gerirem bem a república, mas eu fui o único reconhecido por conservá-la salva.

Que Cipião seja ilustre, pois foi por causa de sua deliberação e virtude que Aníbal retornou para a África e foi coagido a abandonar a Itália; que o outro africano seja ornado com louvor, ele que destruiu Cartago e Numância, duas cidades muito inimigas deste nosso império; que se considere aquele homem ilustre, Paulo, cujo carro de triunfo honrou o rei mais poderoso e mais nobre, Perses; que Mário esteja em eterna glória, ele que duas vezes libertou a Itália do assédio e do medo da escravidão; que Pompeu anteponha-se a todos, de quem os feitos e as virtudes são mantidos nas mesmas regiões e nas fronteiras do percurso do sol. Seguramente, existirá algum lugar para a nossa glória entre os louvores deles, a menos que, talvez, seja melhor mostrar as províncias para nós, para que tenhamos um lugar a ir, e cuidar, para que os vencedores que estão ausentes também tenham para onde voltar.

Contudo, em um só lugar, é melhor a condição da vitória externa do que a interna, porque, se os inimigos estrangeiros são destruídos, vivem na servidão, ou, se são restabelecidos, pensam que são comprometidos por dever um favor. Mas os que constam no número dos homens depravados por alguma insensatez vivem como inimigos da pátria, e, quando eles forem desviados do perigo da república, não poderás coagir nem com força, nem apaziguar em troca de favor. Por essa razão, percebo que travei uma guerra eterna com cidadãos perdidos. Eu confio poder afastar isso facilmente de mim e dos meus com vosso auxílio e de todos os homens bons, marcando para sempre, na memória, tantos perigos. Ela será fixada não apenas neste povo que foi salvo, mas também nos discursos e nas mentes de todos os povos. E nenhuma força tão grande, de fato, será descoberta que possa destruir e abalar a vossa ligação com os cavaleiros romanos e tanta harmonia entre todos os bons.

Assim são as coisas, em prol do império, do exército, da província que negligenciei, do triunfo e de outros louvores insignes que rejeitei por causa da vossa salvação e da cidade, e em prol dos patrocínios hospitaleiros provinciais que, não obstante, defendo, com auxílios urbanos, não com menor esforço do que aquele que reúno, ainda, em prol de todas essas coisas, dos meus empenhos singulares convosco e desta diligência que reconheceis para a salvação da república, nada postulo de vós a não ser que se lembrem de todo este tempo e do meu consulado. Enquanto essas coisas estiverem fixas em vossas mentes, acreditarei que eu estarei cercado por um muro muito seguro. Pois, se a força dos criminosos chegar a encobrir e superar a minha expectativa, confio a vós o meu pequeno filho, que certamente será protegido o suficiente não apenas para estar salvo, mas também para manter a sua dignidade. Isso se vós tiverdes em mente que ele é filho de quem salvou a república e todos os seus sem arriscar a mais ninguém a não ser ele próprio.

Por isso, com zelo e dedicação, promulgai acerca da vossa suma salvação e dos romanos, de vossas esposas e vossos filhos, dos altares e lares, dos templos e dos santuários, das casas e das moradas de toda cidade, do império e da liberdade, da salvação da Itália e de toda república, assim como instituístes. Esse cônsul está à disposição de vós, não hesita submeter-se aos vossos decretos e, enquanto viver, poderá defender e cumprir por si próprio as coisas que, por vós, foram instituídas.

Índice de nomes e lugares

A
Apenino 43
Apúlia 32· 58
Aurélio 21

C
Campo de Fésulas 37
Campo Gálico 31· 32· 45
Campo Piceno 31· 32· 45
Capitólio 54· 61· 63
Cássio, Lúcio 54· 58· 59· 66· 79
Catilina 7· 8· 9· 10· 11· 12· 13· 14· 15· 18· 19· 20· 21· 24· 25· 26·
27· 29· 30· 31· 32· 33· 34· 36· 37· 38· 40· 41· 42· 43· 45·
50· 51· 53· 56· 59· 60· 66· 69· 71· 77· 79
Cepário, Marco 58
Cétego, Caio 52· 53· 54· 55· 58· 59· 66· 77· 79
Chilo, Quinto Ânio 58
Cícero, Marco Túlio 23
Cipião, Público 8· 84
Cota, Lúcio Aurélio 61

E
Estatílio, Lúcio 52· 54· 55· 58
Etrúria 9· 32· 62

F
Flaco, Lúcio 51· 52· 57
Fúlvio, Marco 8
Fúrio, Público 58

G

Gabínio, Cimbro 52 56 58 77 79
Galbínio, Públio 58
Gália 51
Gláucia, Caio 59
Graco, Caio 8 71 78
Graco, Tibério 8 71

H

Hércules 17 33 38

I

Itália 9 12 14 23 24 27 33 44 54 58 70 73 79 84 86

J

Júpiter 13 27 36 62 63 68

L

Leca, Marco 11 12 36
Lêntulo, Públio 51 52 53 54 55 56 58 59 64 66 70 72 76 77 78 81
Lépido, Marco 15 18 65

M

Manílio, Caio 10
Mânlio 13 21 25 37 38 41
Marcelo, Marco 20
Mário, Caio 9 59 65 84
Massília 37 38
Mélio, Espúrio 8
Mêmio, Caio 71
Metelo, Marco 19
Metelo, Quinto 19 31 45
Múlvio 52

O
Opímio, Lúcio 8

P
Pontínio, Caio 51· 57
Preneste (colônia) 11

R
Reate 52
Roma 11· 12· 33· 38· 39· 51· 71
Rômulo 27· 61

S
Saturnino, Lúcio 9· 71
Servílio, Caio 8· 9
Séstio, Públio 19
Sila, Lúcio 54· 58· 65
Sula, Lúcio Cornélio 41
Sulpício, Caio 53· 65

T
Torquato, Tito Mânlio 61
Tulo 15

U
Umbreno, Públio 58

V
Valério, Lúcio 9
Via Aurélia 33
Voltúrcio, Tito 51· 52· 53· 55· 56· 72

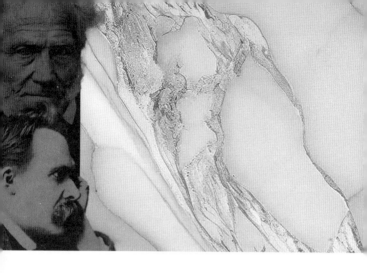

Veja outros livros
do selo *Vozes de Bolso*
pelo site

livrariavozes.com.br/colecoes/vozes-de-bolso

Conecte-se conosco:

f facebook.com/editoravozes

◎ @editoravozes

𝕏 @editora_vozes

▶ youtube.com/editoravozes

☏ +55 24 2233-9033

www.vozes.com.br

Conheça nossas lojas:

www.livrariavozes.com.br

Belo Horizonte – Brasília – Campinas – Cuiabá – Curitiba
Fortaleza – Juiz de Fora – Petrópolis – Recife – São Paulo

EDITORA VOZES LTDA.
Rua Frei Luís, 100 – Centro – Cep 25689-900 – Petrópolis, RJ
Tel.: (24) 2233-9000 – E-mail: vendas@vozes.com.br